DER TAROT UND DIE SIEBEN CHAKREN

Der Tarot und die sieben Chakren

Die Energie der Chakren und die Symboliek des Tarot

Pia Vercellesi & Giampaolo Gasparri

IRIS
Bücher & mehr

Die Originalausgabe erschien unter dem Titel *Tarocchi e Chakra - Divinazioni e meditazioni per conoscere se stessi* bei Xenia Edizioni - Miano (I) 1999.

Das beigeschlossene Tarotspiel wird von den Autoren *Energy-Tarot* genannt.

ISBN 90-76274-87-8

Übersetzung:	Linda Gräfe
Umschlaggestaltung:	Studio Paul C. Pollmann
Foto Umschlag:	ABC Press/David Oldfield
Auskünfte:	http://www.irisbuch.com

Inhalt

Vorwort

Wir stehen irgendwo unten und sehen nicht genug.
Indem wir denken, dass wir höher stehen, glauben wir alles zu sehen.
Was wir nicht erklären können, nennen wir "magisch" und "erstaunlich".

Von heute an haben Sie das Lexikon einer neuen Sprache in Händen. Wenn Sie die Sprache mit Hilfe dieses Textes und den dazugehörigen Hilfsmitteln, den 22 Karten, erlernt haben, können Sie machen, was Sie wollen und mit denjenigen kommunizieren, mit denen Sie es wollen. Und nicht nur auf dieser Welt: Sie sind für neue Planeten und Milchstraßen ausgerüstet.
Allerdings gehen wir schrittweise vor. Erst finden Sie heraus, was Sie in sich haben; allmählich werden Kräfte reaktiviert, von denen Sie gedacht haben, dass sie einigen Hellsehern vorbehalten waren.
Wir sind sicher, dass Sie dies interessiert, denn dieses Buch wurde für Menschen wie Sie geschrieben, die "weiter" schauen wollen, als dass sie normalerweise mit ihren eigenen Augen sehen können. Die Welt, die uns umringt, besteht aus Symbolen, die der sichtbare Teil einer Welt sind, die wir nicht sehen und die wir uns nicht erlauben zu sehen. Die Symbole sind auch die Sprache, mit der die Chakren kommunizieren, die Zentren, die unserem physischen Körper universelle Energie weitergeben. Wir werden ausführlich darauf eingehen, die Zielsetzung ist, alles zu verändern, was in unserem Leben nicht funktioniert. Aber um etwas zu verändern, sollten wir wissen, was wir verändern müssen und dies erkennen. Zu diesem Zweck müssen wir mit einer Welt kommunizieren, die wir "normalerweise" nicht sehen, die uns jedoch preisgeben kann, *was wir tun müssen, um etwas zu verändern.* Um was zu verändern? Unser Schicksal zum Beispiel, unser Karma. Um nicht unzählige Male den gleichen Fehler zu machen. Um unsere Erfahrungen und echten Wünsche aufeinander abzustimmen. Wie schaffen wir das?
Wir schlagen einen Weg vor: Über die symbolische Sprache der Großen Arkana - die das Alphabet der okkulten Wissenschaft ist, die Absoluten Prinzipien, der wahre und eigene Schlüssel zum Lesen. Mit individueller Willenskraft gepaart können sie heute - wie zur Zeit der Ägypter - den Ursprung aller Kenntnis und Macht sein. Wenn wir unseren "Mut" zusammennehmen, um uns den Schwingungen zu öffnen, welche die Farben, Zahlen und Bilder des Tarot auslösen, so werden wir die Kräfte zurückfinden, welche die drei Welten - die materielle, die mentale und die spirituelle - miteinander verbinden. Wie Edward Bach sagt: "Jeder von uns hat eine heilige Mission in dieser Welt; unsere Seele benutzt unse-

ren Geist und unseren Körper als Instrument, um dieses Ziel zu erreichen. Wenn diese drei einträchtig zusammenarbeiten, dann ist das Ergebnis Gesundheit und vollkommenes Glück"[1].

Die einzige Weise, auf die uns der göttliche Funke erreichen kann, ist den Glauben neu zu beleben, der es uns ermöglicht, uns dem Kosmos anzuvertrauen. Dies alles macht die Liebe möglich, nicht die egoistische Liebe, die wir normalerweise gewöhnt sind, sondern die Neue Liebe, die universelle Liebe, die uns verstehen lässt, dass der Inhalt des Mikrokosmos und des Makrokosmos miteinander in Verbindung stehen. Nur mit der Demut, die der Ausschaltung des Egoismus entspringt, können wir auch den unbedeutendsten materiellen Handlungen das göttliche Ziel verleihen, wozu wir hier sind, auf diesem Planeten und uns mit unserer Seele wieder vereinigen. Wenn es keine Dualität mehr gibt, hat jeder Gegenstand, jede Handlung und jeder Gedanke einen spontanen, natürlichen Platz, der einen einwandfreien Energiefluss zulässt und folglich das richtige Erleben von Erfahrungen. Spirituelle Heilung ist kein statischer Begriff; es bedeutet, grenzenlos zu werden, wodurch immer subtilere Dimensionen geschaffen werden, die es ermöglichen, Wunder zu erfahren. Es kann geschehen, dass sich unsere Wahrnehmung vom Verhältnis zwischen Raum und Zeit verändert und dass wir das Gefühl bekommen, dass sich die Zeit ausdehnt oder schrumpft, je nachdem, wie unsere Bedürfnisse sind; es kann geschehen, dass eine unerwartete physische Heilung eintritt, dass jemand in kürzester Zeit eine Fremdsprache lernt, dass der Computer nicht länger unser Feind ist oder dass die Beziehung zu unseren Kindern eine echte Beziehung voller Liebe und Akzeptanz wird usw. Wenn wir die Angst besiegen, deren Ursache darin liegt, dass wir unsere Spiritualität vergessen haben, dann bemerken wir, dass es nicht mehr nötig ist, um zu entscheiden, was wir tun und sagen müssen. Wir werden spontan in unsere Wirklichkeit fließen und die Wirklichkeit, die wir erschaffen, wird uns Bestätigung schenken. Das können wir nur erreichen, wenn wir emporsteigen.

Vielleicht ist es wichtig, zu erwähnen, dass es nicht nötig ist, die Welt zu verlassen und enthaltsam zu leben, um emporsteigen zu können. Man kann emporsteigen, indem man sich dem Alles öffnet, indem man die Schönheit der Natur und den Überfluss in vollen Zügen genießt. Durch Angst und Abhängigkeit bleiben wir stecken, da Energieblockaden in unserem tiefsten Bewusstsein entstehen. So halten wir krampfhaft an der Suche nach Geld, Arbeit oder einer Wohnung fest und können uns nicht entwickeln. Wenn wir das oben Stehende mit einem altertümlichen, schweren und dunklen Möbelstück vergleichen und die Entwicklung mit ein Feder, dann können wir leicht begreifen, wie schwer das Alltagsleben von denjenigen ist, die noch von der Materie gefangen gehalten werden; es ist anstrengend, die Materie jeden Tag umzustellen (das altertümliche Möbelstück): Darum sind wir stets müde und schleppen uns durch ein

krankes Dasein. Wir schleppen das Möbelstück, das an sich schon schwer ist, in einer schweren, zähflüssigen Umgebung, in der es keinen Optimismus mehr gibt und in der kein Licht mehr scheint.
Fast immer beginnt spirituelle Heilung, die endlos ist, wie wir gesehen haben, nach einem traumatischen Ereignis. In diesem Fall ist auch das traumatische Ereignis positiv, da es für den Moment der ersten Befreiung steht, das Ereignis, durch das wir rufen: "Jetzt reicht es mir! Ich muss etwas verändern". Diesen Prozess zu erleben, ist leider nicht jedem beschieden. Die meisten Menschen blocken gerade in diesem empfänglichen, kurzen Moment ab, in dem wir unter Umständen sagen könnten: "Jetzt reicht es mir!" Jemand, der sich nicht verändern will und sein eigenes Dasein nicht neu programmieren will, wird noch eine Zeit lang mit dem "alten Möbelstück" herumschleppen, bis zum nächsten Ereignis. Solange wir leben, haben wir die Chance, uns zu verändern. Man kann nicht behaupten, dass diejenigen, die sich nicht verändern "nicht gut daran tun". Sie müssen in ihrem Karma andere Prüfungen bestehen. Aber wenn das göttliche Licht auf uns scheint oder wir uns von ihm bescheinen lassen, lässt uns unser Ego zunächst noch eine Zeit lang mit dem alten Möbelstück herumschleppen.
Langsam, aber sicher werden wir uns der Sinnlosigkeit unserer Taten bewusst: Wir haben die Arbeit, die wir suchen, schon gefunden, wir haben genügend Geld, wir sind freier, um unsere Gefühle zum Ausdruck zu bringen und unser Dasein wird klarer und durchsichtiger. Wir merken es morgens, wenn wir beim Aufwachen nicht länger von dem alten Möbel niedergeschmettert werden, sondern uns leicht wie eine Feder fühlen und vielleicht gehen wir ans Fenster, um Gott für seine Gaben zu danken. Spirituelle Heilung ist wie die Verwandlung von Egoismus in Universelle Liebe, um das Paradies auf Erden zu finden.
Der Funke der Veränderung ist übergesprungen, wir beginnen, uns mit dem Kosmos eins zu fühlen. Aber es kommt eine Phase - die lang oder kurz sein kann, bedingt durch die karmische Geschichte eines jeden - in der es nützlich sein kann, dass uns Instrumente zur Verfügung stehen, die uns die Sicherheit bieten, dass wir mit dem Kosmos verbunden sind. Das ist nötig, da die Erinnerung daran, wer wir waren, stets zurückkommt; wir dürfen die grundlegende Bedeutung des Egos in der Geschichte des Menschen nicht unterschätzen. Durch unser Ego unterschieden wir uns von den Tieren; ungeachtet der Tatsache, dass wir aßen, schliefen und uns fortpflanzten wie die Tiere, wurden wir uns unserer spirituellen Dimension bewusst, weil das Ego das Denken stimulierte. Darum müssen wir das Denken neu bewerten, uns dem dominierenden Ego entziehen, uns ein Ziel setzen, uns dem Kosmos anvertrauen: Das ist geistige Heilung.
In diesem Buch verschaffen wir uns zwei Instrumente: Das *Wiederfinden des Hellsehens* durch die Kenntnis der Symbole des Tarot und die *Meditation als Spiegel*, wodurch wir die Passivität und die Empfänglichkeit erfahren können,

mit der wir uns frühere, heutige und zukünftige symbolische Bilder von uns selbst einprägen können, die für unsere Entwicklung nötig sind.
Seit der Zeit von Ramses kamen Pilger aus der ganzen Welt nach Ägypten, um von den Priestern des Tempels der Osiris die Mysterien und Geheimnisse zu lernen. Wenn ein Pilger von der wirklichen Suche nach der Wahrheit beseelt war, bekam er die Erlaubnis zur Initiation, die durch einen Gang durch einen Tunnel mit 22 Fresken erfolgte, die mit kristallenen Lampen beleuchtet wurden und die Große Arkana (die 22 größten Geheimnisse) des Tarot darstellten. Zuerst musste sich der Novize jedoch einigen Prüfungen in den finsteren Gängen unterziehen, um die Angst vor dem Unbekannten zu überwinden und Mut für die Tat des Glaubens zu fassen.[2]
Allein indem wir uns vom Materiellen in uns lösen - die Finsternis - können wir in den Einflussbereich unserer Wahrheit gelangen - das Licht. Die Reise, die wir Ihnen vorschlagen, öffnet sofort die Türen zu einer neuen Art der Betrachtung des Lebens. Befreit von den *Alltäglichkeiten,* die die Glieder der Kette sind, die die Freiheit fesselt.
Die Folge ist, dass Sie sich in physischer Hinsicht besser fühlen werden. Alle vagen körperlichen Schmerzen werden verschwinden... wenig Schlafen... Krankheiten... ein abwesender (oder allgegenwärtiger) Partner... chronischer Geldmangel... und wir werden endlich Überfluss kennen.
Wenn wir Harmonie mit den abstrakten Symbolen unserer Chakren erreichen, dank der symbolischen Sprache des Tarot, dann lernen wir lesen, was in uns geschrieben ist.
Es besteht die Gefahr, dass unser Widerstand auf Grund von Erfahrungen die Oberhand gewinnt, ein Widerstand, auf den das Tarot oft bei Menschen stößt, die noch in alten Verhaltensmustern, Klischees und Überbauten feststecken. Wir lernen, auf eine neue Art und Weise zu lesen, die zu einer anderen, subtileren Wirklichkeit gehört. Dieser Prozess führt zu einer Erweiterung des Bewusstseins. Allein so können wir unser Dasein heilen: Indem wir lesen, was in unseren Chakren geschrieben steht, die eine symbolische Sprache sprechen.
Die Karten der Großen Arkana des Tarot, die *wir selbst gewählt haben,* sagen uns alles ins Gesicht. Sie sagen uns, was sich tief in unserem Innersten abspielt und sie benutzen dazu lebhafte Farben und eine scharfe Synthese. Die 22 Geheimnisse erzählen die Geschichte der Menschheit, sie erzählen von allen möglichen Erfahrungen, welche die Seele in diesem Stückchen Leben auf Erden haben kann.
Die Oper beginnt, das Opus, der Magier. Auf unserem Arbeitstisch, unserem Altar, liegen die Werkzeuge und die Hinweise: *Unten und oben,* sagt der Stab mit den roten und blauen Streifen. Aber dieses göttliche Gleichgewicht ist schwer zu finden, wenn die Reise noch nicht zu Ende ist. Wir müssen uns verändern, nicht an Verhaltensmustern festhalten: Es gibt immer und überall mindestens eine an-

dere Möglichkeit. Wenn wir dank des Tarot mit der Erinnerung unserer Chakren kommunizieren, erfahren wir sehr viel über unsere Geschichte. So werden wir uns unseres Hellsehens bewusst und wir bekommen Hinweise, wer wir sind und wo wir hingehen.
Dieses Buch haben Pia und Giampaolo zusammen geschrieben. Es ist aus einer der vielen Intuitionen von Pia hervorgegangen, aus der gemeinschaftlichen Praxis und aus Erfahrungen beider sowie aus einer Unzahl von Nachforschungen, wodurch wir über die richtige Information verfügen konnten. Damit kreierten wir ein Spiel, mit dem wir die Geheimnisse des Tarot, dieses überraschende, prophezeiende Instrument, auch *gebrauchen* können. Mit diesem Buch wollen wir Erfahrungen weitergeben, so dass alle Leser von den außergewöhnlichen, heilenden Eigenschaften der Symbole des Tarot Kenntnis nehmen können. Hiermit können Sie einen Dialog mit sich selbst beginnen und Ihre Haltung Ihrem Leben gegenüber zum Besseren zu verändern. Das ist unser Ziel.
Eine Umarmung des Lichts!

Wie dieses Buch zu benutzen ist

Das Buch besteht aus drei verschiedenen, einander ergänzenden Teilen und einem Spiel zu 22 Karten, die *eigens zu diesem Zweck* entworfen wurden.
Der erste Teil behandelt die Philosophie von Krankheit, Energie, verborgene Anatomie, spirituelle Heilung, er enthält Übersichten über die sieben Meister-Chakren und verschiedene Kästen, in denen Gedanken vertieft werden.
Der zweite Teil besteht aus Übersichten über die 22 Großen Geheimnisse, Übersichten der Bedeutung der Geheimnisse, welche Art von Energie sie repräsentieren und in welcher Beziehung sie zu den Chakren stehen. Diese Übersichten können jederzeit leicht nachgeschlagen werden.
Wir raten Ihnen, das Buch zu lesen, ohne sich alles merken zu wollen; stattdessen können Sie versuchen, den Lernprozess zu vertiefen, wobei Ihnen die Meditationsübungen des dritten Teils helfen können. Die Struktur des Textes, die Übersichten und die Kästen helfen Ihnen dabei, leicht zu finden, was Sie suchen.
Zum Buch gehört ein *Kartendeck* mit den Originalillustrationen der 22 Großen Geheimnisse. Auf jeder Karte ist mit Symbolen und Farben angegeben, was ihr energetischer Wert und das ihr zugeordnete Chakra ist; auf diese Weise können Sie dieses Instrument symbolischer Beziehungen erlernen und sofort anwenden.

1. Was ist Krankheit?

In der üblichen Bedeutung von Krankheit wird auf die materialistische (wissenschaftliche) Ansicht verwiesen, die im Laufe der Jahrhunderte von der westlichen Medizin auferlegt ist. Die Kunst des Heilens, die Heilkunst, war im Altertum den Priestern vorbehalten, die zugleich Ärzte des Geistes, der Seele und des Körpers waren: Behandlungen hatten immer irgendwie mit Zeremonien und religiösen Riten zu tun. Bei den Babyloniern gehörten Ärzte der Priesterklasse an, Chirurgen hingegen galten als die "Monteure" der Heilkunde: Die Gesetze von König Hammurabi legten die Pflichten und Tarife der Chirurgen fest. Wenn eine Operation misslang... wurden dem Chirurgen die Hände abgehackt. Vier Jahrhunderte vor Christus vollzog sich ein Umschwung: Hippokrates setzte der Mystik und der Magie der Priesterärtzte aus Ägypten und dem alten Griechenland rationale Kriterien entgegen; die Heilkunde wurde zur Wissenschaft. Die übernatürlichen Kennzeichen von Krankheit und der magische Charakter der Heilkunde wurden nicht mehr anerkannt. Die Basis der Heilkunde ist die strikte Beobachtung von Tatsachen und die Festlegung von Naturerscheinungen.[1]

Diese Herangehensweise an Krankheit widmet sich der Wahrnehmung von *Symptomen* und ihrer Unterdrückung. Aber eine Herangehensweise, die ausschließlich symptomorientiert ist - bei der Diagnose oder der Behandlung - ist unzureichend, um eine wirkliche Lösung zu finden, da sich die "symptomatische" Herangehensweise nicht mit dem Feststellen und der Veränderung der Ursachen von Krankheit beschäftigte. Sie versucht allein die Folgen zu bekämpfen. Die Konsequenz hiervon ist, dass die Ursachen lebendig bleiben und stets wieder die gleichen Symptome auslösen oder dass neue Symptome in einem anderen Teil des Körpers auftreten. Das Unterdrücken von Symptomen ohne die Ursache der Krankheit in Angriff zu nehmen, schafft überdies eine gefährliche Illusion: Man kann sich wohl fühlen *ohne etwas an seinem Verhalten zu verändern,* das oft die *wirkliche Ursache* des körperlichen Unbehagens ist. Medizinische Therapie ist mit Sicherheit notwendig, wenn ein Eingriff unvermeidlich und dringend ist, zum Beispiel im Falle einer Blutung: Faktisch hat die moderne Medizin, da sie auf eine analytische und deterministische Methode abzielt, die besten Ergebnisse in der Geschichte der Menschheit erzielt. Für eine "mechanische" Störung ist es die beste Behandlung, wenn der physische Körper so zugerichtet ist, dass er kaum in der Lage ist, sich aus eigener Kraft zu erholen. Aber bei *wirklicher Heilung* ist auch der subtile, spirituelle Teil des Menschen beteiligt: Das bedeutet, dass das eigene Leben "geheiligt" werden muss und dass man in eine Dimension eintreten muss, welche die wissenschaftliche Medizin nicht kennt. Wenn jemand zum Beispiel unter Depressionen leidet, werden Mittel gebraucht, um die Symptome zu unterdrücken, aber die Ursachen der Depression bleiben und sie können neue Symptome zur Folge haben, sobald der Patient keine Medikamente mehr bekommt, die sie unterbinden.

Auch der Begriff "Patient" drückt Passivität aus, Leiden, die Haltung eines Verlierers der Krankheit gegenüber, eine nutzlose Aufopferung. Dieser schlechte Beginn führt zu erschöpfenden wissenschaftlichen Untersuchungen. Organe und Funktionen werden gemessen und mit Hilfe von Tabellen voller objektiver Daten quantifiziert, welche die Symptome stets detaillierter beschreiben, um sie genauso präzise bekämpfen zu können. Darum liefert die "moderne" Medizin unaufhaltsam Spezialisten, die alle ein immer abgegrenzteres und beschränkteres Arbeitsfeld haben.[2] Aber der Mensch ist eine Einheit und mit seiner Einmaligkeit entrinnt er den Gesetzen der Statistik und der Zersplitterung. Leider haben wir uns inzwischen daran gewöhnt, unseren Körper als eine Sammlung von *Einzelteilen* zu begreifen, die demontiert und ersetzt werden können durch allerlei Transplantationen und Prothesen, wenn ein Teil nicht mehr optimal funktioniert oder in ästhetischer Hinsicht nicht befriedigend ist. Ärztliche Untersuchungen dringen immer weiter in die Struktur der Zelle, wodurch wir eine Welt von Enzymen, Genen und anderer Mikrostrukturen kennen lernen, die immer gekünstelter und komplexer werden, die uns genau sehen lassen, wie sich Zellen durch bestimmte Krankheiten verändern.
Trotz aller Fortschritte ist der Mensch nicht in der Lage, zu heilen und überdies entstehen neue Krankheiten, zum Beispiel Aids, auf die die gesamte wissenschaftliche Kenntnis noch keine Antwort hat.
Der hippokratische Eid besteht aus zwei grundlegenden Prinzipien des Arztes dem Kranken gegenüber: Alles vermeiden, was dem Patient schaden kann und die spontane Aktion der Natur gegen das Schlechte unterstützen. Offenbar wird dieser Eid heutzutage oft nicht befolgt. Jeder von uns kennt wahrscheinlich einen Menschen, der einem lieb und teuer ist und der sich verheerenden Chemotherapien und chirurgischen Eingriffen unterziehen musste, die zwangsweise zu Unbeweglichkeit führen, da der Körper an Schläuchen hängt, die ihn mit Maschinen verbinden. In fast keinem einzigen Fall führt dies zu Heilung; es sind nur Versuche, die kurze Zeit neue Hoffnung auf Heilung machen, jedoch zu einem langen und sinnlosen Leidensweg führen. Diese therapeutische Hartnäckigkeit stammt aus der Wissenschaft, die sich lediglich mit Materie beschäftigt und folglich Schmerz hervorrufen kann. Eine materialistische Auffassung ist nicht in der Lage, die Einheit zu verstehen, weil sie das Spirituelle ausschließt und dessen Existenz nicht anerkennt. Aber indem man diesen subtilen Teil des

Wesens erkennt und kennt, ist es möglich, das *Gleichgewicht zwischen Geist und Körper* wieder zu finden. Dieses wieder gefundene Gleichgewicht führt zur *wirklichen Heilung* der Krankheit.

Die Ursache einer Krankheit

Krankheit ist nichts anderes als eine Störung der Energiebahnen, die unsere Körperzellen beeinflussen: Wenn die Schwingung in einem Organ abnimmt, verändert sich dieses Organ und es öffnet sich Mikroorganismen. Nur wenn *die richtige Schwingung wiederhergestellt wird,* finden Bakterien und sogar Viren kein günstiges Klima mehr und sie zerfallen. Es ist notwendig, dass man erkennt, dass die Art und Weise wie Krankheiten bisher behandelt werden nicht zu einer definitiven Heilung führt. Das liegt vor allem daran, dass wir annehmen, dass eine Krankheit ohne Ursache auftritt. Die Akzeptanz von *Krankheit ohne deutliche Ursache* setzt voraus, dass menschliche Wesen sich nicht weiterentwickeln können, sondern auf der Entwicklungsebene der Tiere stecken bleiben. Durch diese Ansicht verschließen wir uns der Erfahrung einer Entwicklung, die das *Mensch-Tier* in den *denkenden Menschen* modifiziert. Der denkende Mensch ist in der Lage, um in der Krankheit die Ursache der Krankheit zu entdecken. Die Wissenschaft kann die Ursache mit Sicherheit nicht entdecken, da sie nicht in Materie eingebettet ist: Spirituelle und denkende Menschen können die Ursache wohl erkennen, weil sie in eine andere, subtilere und unsichtbare Dimension eingebettet sind, der Dimension unserer Seele. Wir zitieren Edward Bach: "Krankheit ist im Wesentlichen das Ergebnis eines Konfliktes zwischen der Seele (das Gemüt) und dem Geist (die Psyche) und kann ohne spirituelle und mentale Kraftanstrengung niemals ausgemerzt werden. Eine Kraftanstrengung, die ausschließlich auf den Körper ausgerichtet ist, kann den Schaden, den die Krankheit angerichtet hat, nur oberflächlich beheben. Aber das ist keine Heilung, da die Ursache noch immer aktiv ist und jeden Moment in einer anderen Form erscheinen kann. Eigentlich ist eine Scheinheilung in vielen Fällen schädlich, da die wirkliche Ursache der Krankheit vor der Krankheit geheim gehalten wird; diese Ursache kann stärker werden, wenn ihr keine Aufmerksamkeit geschenkt wird".[3]

Einsicht in die Ursachen - Effekte des Karma

Um zu verstehen, was mit uns geschieht, wenn wir krank sind, müssen wir also akzeptieren, dass die Wirklichkeit mehr ist als dasjenige, was wir mit unseren physischen Augen sehen. Es gibt einen *anderen Bereich,* der in dieser Wirklichkeit immer anwesend ist, aber gewöhnlich unsichtbar bleibt. Die Stofflichkeit, in

Karma

“Sich nach einem Fehler nicht erholen, das ist der echte Fehler” (Konfuzius). Karma bedeutet im Sanskrit Aktion: Das Gesetz von Ursache und Wirkung, das das Leben des Menschen beherrscht. Das Gesetz durch das jede Handlung eine Folge hat. Jede positive Aktion hat positive Effekte zur Folge und jede negative Aktion führt negative Effekte herbei, die den Menschen erheben oder erniedrigen. Das Akasha-Register (siehe Kasten *Akasha*) ist die historische Erinnerung vom Weltall, das alle Ereignisse aus der Vergangenheit, dem Jetzt und der Zukunft der Menschheit enthält. Der individuelle Mensch bleibt ein Sklave, solange er mit dem materiellen Niveau der Leidenschaften, der Sensualität und Emotionalität verbunden ist. Aber sobald er diese Sklaverei von sich abschüttelt, befreit er sich vollkommen und er wird ein spirituelles Wesen. Dazu steht dem Menschen ein Instrument zur Verfügung, nämlich der freie Wille: Die korrigierende Kraft unseres freien Willens ist ein niederer Wille, der von einem höheren Willen begrenzt wird, wodurch wir uns nach Belieben innerhalb eines “Zauns” bewegen können, den wir selbst wollen. Der Mensch besteht teils aus Freiheit, teils aus Determinismus: Die Freiheit kommt von oben, die Sklaverei von unten: Das ewige Gesetz des Karma diktiert unser heutiges Dasein, gemeinsam mit unseren früheren Leben und breitet sich vom Individuum zu seiner Familie und den Völkern und Nationen aus.

Die wichtigsten philosophischen Schulen und indischen Religionen glauben an die Theorie des Karma. Für den Hinduismus ist das Karma an sich keine Belohnung oder Strafe: Es ist ein ebenso unbescholtenes Gesetz als das der Schwerkraft. Aber es ist möglich, sich *(Moksha)* von der Wiedergeburt zu befreien, indem man dem *Dharma,* dem richtigen Verhalten, folgt, um eine gute Wiedergeburt zu bewirken. Im Buddhismus ist die Befreiung vom ewigen Kreislauf der Wiedergeburten *(Samsara)* das *Nirwana,* die definitive Rettung, die man erreicht, wenn man dem edlen, achtfachen Pfad folgt, der von Buddha verbreitet wurde. Das Nirwana kann man auch durch plötzliche Erleuchtung erreichen. In der jainistischen Tradition gibt es zwei Arten von Karma: *Nikachit* und *Dalik.* Das erste ist unveränderlich und ist mit dem Lebensbogen verbunden. Das zweite kann vernichtet oder wahr gemacht werden. Es gibt einen Begriff in der jainistischen Philosophie, *Sankramana,* der Bezug nimmt auf das Umformen eines günstigen Karma in ein ungünstiges Karma und umgekehrt. Die früheren Karma beeinflussen eine Personen auf verschiedene Art und Weise: Sie können die Fähigkeiten, um Kenntnis zu erlangen, blockieren, die Beobachtungsgabe trüben, Einfluss auf Gefühle des Schmerzes und Vergnügens ausüben, die Wahrheit verdrehen und Wut, Arroganz, Angst, Geiz und Hass bewirken. Hierdurch bestimmen sie, was erlebt werden muss und wie sich dieses Erleben abspielt. Durch das Streben nach allerlei Arten von materiellen Dingen, durch erbliche und genetische Faktoren und soziale Stellung blockiert man die tieferen Fähigkeiten zum Handeln, negiert man Gefühle der Freigebigkeit und Lebensfreude und es geht Reichtum verloren. Um unser Karma zu verändern, müssen wir das Alte von uns abschütteln und es vermeiden, dass wir ein neues Karma schaffen. Hierfür müssen wir eine Anzahl einfacher Regeln befolgen: Veränderung der Ernährung, die Anwendung energetischer Techniken wie Reiki, Kristalltherapie, Bach-Blütentherapie, Yoga und Meditation, Mantras singen (sowohl westliche als auch östliche Mantras, zum Beispiel den Rosenkranz), Kreativität in die Praxis umsetzen, ein Hobby zu Arbeit machen. Tarotkarten müssen als Instrument für die symbolische Kommunikation mit den Chakren gebraucht werden. So können wir unsere Gedanken ordnen, unsere Schmerzen umwandeln und unserem Leben mehr Aufmerksamkeit schenken. Alle Wesen sind hier auf Erden, weil sie nicht perfekt sind und ihre karmische Last *(Pudgal)* erleichtern müssen, Stückchen Materie, die aus früheren Leben an unserer Seele haften geblieben sind und die de karmische Sklaverei dieses Lebens sind. Reinkarnation ist ein Chance, die das Individuum bekommt, um Irrtümer aus ein früheren Dasein zu korrigieren.

der wir uns befinden verhindert nämlich, dass wir Signale aus diesem anderen Bereich empfangen. Es ist eigenartig, dass alles *Sichtbare* ein unsichtbares Gegenstück in diesem mysteriösen *ätherischen Bereich* hat. Das gilt für Pflanzen, für Häuser, für Tische und auch für unseren Körper. Um dies zu verstehen, führen wir hier einen Begriff ein, den wir später vertiefen werden: Den Begriff *Energie*. Energie liegt einer Wirklichkeit zu Grunde, die breiter als unsere sinnliche Wahrnehmung ist. Energie ist *Alles* und *Alles* ist Energie. Zu dieser Bedeutung des Absoluten gehört auch der Begriff Stärke: Energie manifestiert sich in verschiedenen Stärken. Dasjenige, was wir sind, spüren und sehen ist der stärkste Ausdruck von Energie. Die subtileren Äußerungen können wir mit Hilfe unserer nächtlichen *Erlebnisse*, durch unsere Träume, verstehen. In unseren Träumen erkunden wir, von materiellen Beschränkungen nicht gehindert, unbekannte Welten, wir treffen Verstorbene oder Unbekannte und wir fliegen. Wir erleben und sehen die Wirklichkeit nicht mit unseren physischen Augen, sondern mit dem Auge des Gedanken, unserem "dritten Auge". Diesen "Beweis" des Bestehens dieses Bereichs unserer Wirklichkeit, den einzigen Beweis, haben wir alle schon einmal erlebt. Es ist nicht nötig, um zu sterben, um in diese andere Wirklichkeit zu gelangen. Mit dem Vorhergehenden können wir die Dimensionen des Themas, das wir jetzt erkunden, begreifen. Über Krankheiten können wir sagen, dass sie in einem anderen Körper entstehen. Wir verfügen nämlich auch über eine *verborgene Anatomie,* ein Thema, das später vertieft wird. Aus dieser Perspektive ist es sehr wichtig, die Symptome einer Krankheit nicht zu unterdrücken; sie sind nämlich ein *Kommunikationsmittel* und allein durch das Lesen der Symptome, mit anderen Worten, durch die Deutung ihrer Symbolik, können wir die *Ursache* einer Krankheit feststellen.

Die Menschheit ist ein Teil eines universellen Plans, in dem jeder von uns eine Aufgabe hat. Oft wird dies nicht mehr als etwas Eigenständiges erkannt, da wir von den zusammenfassenden Strukturen abgewichen sind. Das Bestehen von Krankheiten hat hiermit zu tun. Wir kommen auf die Erde, um eine karmische Lehre zu machen (siehe Kasten *Karma*). Mit den Worten von Bach: "Eine Krankheit, scheinbar etwas grausames, ist im Grunde wohl tuend. Wenn wir sie richtig interpretieren, zeigt sie uns unseren wichtigsten Fehler... Das Leiden ist eine korrigierende Maßnahme, die die Aufmerksamkeit auf eine Lektion lenkt, die wir sonst nicht hätten lernen können. Dem Leiden kann erst ein Ende gesetzt werden, wenn wir die Lektion begreifen. Krankheit hat also keinen materiellen Ursprung. Je mehr wir uns den Symptomen widersetzen, ohne unser Verhalten zu verändern, desto mehr Ursachen von Krankheit wir schaffen".[4]

Eine Krankheit kann durch die Effekte unseres Verhalten ausgelöst werden, die karmisch aus einem anderen Leben stammen (siehe Kasten *Reinkarnation*). Es ist überaus wichtig, das zu berücksichtigen, nicht allein, um die Chance auf Heilung zu erhöhen - später werden wir sehen, dass körperliche Heilung *allein* nicht positiv ist, auch nicht aus dem Karma heraus betrachtet - aber wir müssen uns vor allem der *Verantwortung,* die wir für unsere Gesundheit tragen, bewusst werden und der Notwendigkeit, wirklich zu heilen und *Veränderungen* in unserer Haltung dem Leben, uns selbst und anderen gegenüber vornehmen. Auch für uns im Westen ist es leicht, die Ursachen von Krankheiten zu begreifen, wie sie unsere orientalischen Denker[5] beschrieben, zum Beispiel *negative Gewohnheiten,* die in der Zukunft unvermeidliche Folgen haben werden, entweder in unseren heutigen Leben oder im nächsten Dasein:

- Schlechte Organisation des Alltagslebens, des Verhältnisses zwischen Ruhe und Arbeit, zwischen dem Geist und der Art von Arbeit, zwischen Ernährung und Arbeit;

- Mangel an Hygiene in unserem Verhalten und in unserer Umgebung, Verschmutzung von Luft und Wasser;
- zu viel industrielle Nahrung und Konserven;
- eine zu häufige Einnahme von Medikamenten;
- Genuss von Alkohol, Tabak, Drogen, Kaffee und Tee;
- während längerer Zeit tagsüber schlafen und nachts arbeiten;
- vom Gedanken an Sex besessen sein oder völlige sexuelle Enthaltung;
- Angst, Wut, Eifersucht, Groll, Mangel an Vergebung.

Karmische (angeborene) Krankheiten können die Folge von negativen Taten in einem vorhergehenden Leben sein, die mit der betreffenden Krankheit scheinbar nicht zusammenhängen. Wenn jemand mit einem Entwicklungsziel auf die Welt kommt, dann treten Anomalien, Behinderungen und Erprobungen auf, die notwendigerweise überwunden werden müssen. Es geht vor allem um Anomalien, die die Folge von negativen Taten sind, die bewusst begangen wurden und die Anomalien müssen ertragen werden bis zum Ende der Periode, die hierfür angesetzt war.

Reinkarnation

"Jeder lebendige Körper ist eine Wiederholung eines Vorfahren. Aber der menschliche Geist muss immer zurückkehren und sich in neuen physischen Körpern inkarnieren" (R. Steiner). Die Reinkarnationslehre war im alten Ägypten so gut wie unbekannt, aber Herodot berichtet, dass die Ägypter an *Metempsychose* glaubten (die Wanderung von Seelen); die menschliche Seele sollte sich nach dem Tod als Tier auf Erden reinkarnieren, im Wasser und in der Luft, um anschließend in einen menschlichen Körper zurückzukehren. Den Sumerern, Assyrern und Babyloniern war die Reinkarnation offenbar unbekannt. In Griechenland war Pythagoras der Erste, der an die Wanderung der Seele glaubte. Er glaubte, dass er sehr viele Leben gehabt hatte und er nannte sogar die Namen, die er in vorhergehenden Leben gehabt hat. Im Phaedo behauptet Plato, dass die Seele sich beim Tod vom Körper trennt und gereinigt in höhere Sphären aufsteigt, wo sie eine eigene Zukunft bekommt, wenn sie Rechenschaft abgelegt hat. Wenn erkannt wird, dass sie nicht vom materiellen Leben und Sünde befleckt ist, wird sie zur Glückseligkeit zugelassen, beziehungsweise zur Einigung mit dem höchsten Wesen. Wenn dies nicht der Fall ist, muss sie sich eine Zeit lang einer Strafe unterziehen, beziehungsweise *zum physischen Leben zurückkehren,* was einer anderen Prüfung entspricht, um die Perfektion zu erreichen. Die Pharisäer glaubten an ewige Foltern der Schlechten und an Reinkarnation der Guten. In der Kabbala hat die Reinkarnation keinen wichtigen Stellenwert. Die Kirche hat nie etwas über Reinkarnation gelehrt: Doch glaubten einige Theologen daran. Im zweiten Jahrhundert gab der heilige Justinus zu, dass es möglicherweise mehrere Leben auf Erden gibt, bevor man in den Himmel kommt und dass die fleischlicheren Menschen sich als Tiere inkarnieren können. Im Osten war Reinkarnation bei den *Vedas* unbekannt und auch Buddha unterrichtete die Lehre nicht. Man denkt, dass die Theorie im Jainismus entstanden ist, der sie angeblich in den Buddhismus und den modernen Hinduismus gebracht hat.

Es gibt verschiedene Hypothesen über Reinkarnation. Offensichtlich kommt der Glaube an Reinkarnation seltener vor, als die hinduistische und buddhistische Lehre glauben macht und sie lässt einem immer die Wahl, auch wenn es die schnellste Art und Weise ist, sich zu entwickeln. Reinkarnation tritt bisweilen bei ganzen Familien auf. Wenn die Eltern ihre Kinder in negative Ereignisse hineingezogen haben, können sie den Fehler wieder gutmachen, indem sie wiedergeboren werden. Auf dem Planeten Erde ist die Anzahl reinkarnierter Seelen nicht unveränderlich; sie hängt von der Zeit zwischen zwei

Reinkarnationen ab. Offensichtlich ist die heutige Überbevölkerung auf dem Planeten die Folge von der kurzen Zeit - fünf bis zehn Jahre, während es früher hunderte von Jahren waren - zwischen zwei Reinkarnationen. Bei den meisten Reinkarnationen behält die Seele das Geschlecht, das sie zu Anfang hatte. Reinkarnationen in ein anderes Geschlecht dienen dazu, um Erfahrungen zu erleben, die das Karma lösen können. Wiederholte Begegnungen mit den gleichen Menschen während einer langen Reihe von Reinkarnationen ist eines der erstaunlichsten Phänomene, das wir kennen: Liebe und Hass, Anziehungskraft und Abneigung sind einfach Reste aus der Vergangenheit. Reinkarnation kommt auch bei Tieren vor, vor allem bei Hunden. Es gibt sehr spezielle Fälle, in denen das Tier als menschliches Wesen reinkarniert, um ein bestimmtes Ziel zu erreichen. Es kann geschehen, dass ein Mensch zu einer tierischen Inkarnation zurückkehrt, wenn er sich so niederträchtig verhalten hat, dass er besser ins Tierreich passt. Auch eine Reinkarnation in den gleichen Körper kann vorkommen, im Laufe des gleichen Lebens, was geschieht, wenn ein Mensch, der eine Aufgabe bewältigt hat, sich eine neue Aufgabe vornimmt: Diese Reinkarnation geht mit einer körperlichen Krise einher, die man nicht diagnostizieren kann (siehe Kasten *Kundalini*). Es kann auch ein Unglück geschehen, bei dem die bewusste Person auf wunderbare Weise dem Tod entrinnt oder es tritt das Phänomen auf, dass man vorübergehend tot ist und den Körper kurz verlässt. Reinkarnation in den gleichen Körper ist ein Phänomen, das immer öfter auftritt und geht einher mit der wachsenden Anzahl Menschen, die den Weg des spirituellen Erwachens folgen. In den zwei Jahren, die vergangen sind, um in den gleichen Körper zu reinkarnieren, verändern sich alle Aspekte des Lebens: Arbeit, Partner, Stadt, etc. Es ist auch möglich, mehrere Male als gleicher Körper zu reinkarnieren, obwohl dies selten ist.
"Von meinem Vater habe ich die Gestalt bekommen und die ernsthafte Auffassung vom Leben, von meiner Mutter das heitere Gemüt und die Freude am Fantasieren", schrieb Goethe, aber sein Talent stammte von keinem der beiden. "Bei der Geburt erscheint ein physischer Körper, der sein Äußeres durch die Vererbungslehre bekommt. Er wird der Träger eines Geistes, der ein vorheriges Dasein auf neue Weise wiederholt. Jeder lebendige Körper ist darum der Vererbungslehre unterworfen. Jeder lebendige Körper ist eine Wiederholung seiner Vorfahren. Aber die geistige Erscheinung verschiedener Menschen ist immer verschieden. Es gibt keine zwei Menschen, die die gleiche geistige Erscheinungsform haben. Es genügt, um zwei Brüder zu betrachten, die in genau der gleichen Umgebung aufwachsen und die eine andere Geisteshaltung entwickeln werden... körperliche Merkmale sind erblich, aber geistige Merkmale nicht" (R. Steiner).[6]

2. Krankheit als Energieblockade

Energie

Wir haben schon angedeutet, dass alles, was wir materiell berühren und sehen können, mit einer subtileren und unsichtbaren Kopie verbunden ist. Dies gilt auch für unseren stofflichen Körper, der mit einem nicht greifbaren Teil in Verbindung steht, der für unsere physischen Augen unsichtbar ist und den wir die verborgene Anatomie nennen werden. Um dies zu verstehen, müssen wir das Konzept *alles ist Energie* erklären.
Wir können den Bereich der universellen Energie historisch aus zwei Perspektiven betrachten: Aus der wissenschaftlichen (westlichen) Perspektive und aus der spirituellen (östlichen) Perspektive. Verschiedene Kulturen haben diesen Bereich auf verschiedene Art und Weise definiert und aus verschiedenen Aspekten heraus betrachtet, in allen Definitionen finden wir jedoch die gleichen Ausgangspunkte.

Die westliche Wissenschaft

Die westliche Wissenschaft verfügt über immer findigere Instrumente und ist in der Lage, immer subtilere Qualitäten des universellen Energiefelds zu enthüllen: Forschungen haben gezeigt, dass dieses Feld aus einer Art von Energie besteht, die die Wissenschaft bisher noch nicht definiert hatte. Wenn wir Materie als verdichtete Energie begreifen, kann das universelle Energiefeld in eine Dimension eingeordnet werden, die sich zwischen Materie und Energie befindet. Einige Wissenschaftler nennen das Phänomen der universellen Energie "Bioplasma" und behaupten, dass das Bioplasma Materie organisiert und bildet. Bioplasma scheint in mehr als drei Dimensionen zu bestehen und jeder Veränderung im Bereich der Materie geht eine Veränderung der Energie voraus.
Im Zuge des Fortschreitens der Forschungen nach der Beschaffenheit der Energie sind die Kriterien und die traditionellen Theorien der Wissenschaft nicht mehr in der Lage, eine Anzahl Phänomene zu erklären. Im Westen galten die Welt und das Weltall immer als ein Ganzes aus primären Gegenständen, die man Atome nennt. Zeit und Raum galten als absolute Elemente und man war der Meinung, dass jede physische Erscheinung einem Prozess von Ursache und Wirkung entstammte, da man noch nicht von der Interaktion zwischen Energie und Materie im Bilde war. Zu Anfang des neunzehnten Jahrhunderts wurden jedoch neue Erscheinungen entdeckt, die mit den physikalischen Gesetzen Newtons nicht erklärt werden konnten. Die Entdeckung des elektromagnetischen Feldes

erklärte zum Beispiel, wie die Kraft einer Ladung "Bedingungen" für den umringenden Raum schafft, so dass die entgegengesetzte Ladung, falls vorhanden, die Kraft bemerkt: So entsteht das Konzept eines Weltalls, das aus elektromagnetischen Feldern besteht, Energiequellen, die einander beeinflussen.
Der Relativitätstheorie Einsteins zufolge *ist Raum nicht dreidimensional* und *ist die Zeit keine Einheit an sich.* Beide sind eng miteinander verbunden und bilden ein Kontinuum mit vier Dimensionen: Die *Raum-Zeit.* Darum ist die Geradlinigkeit von Ereignissen nur Schein, da dieser vollkommen vom Beobachter abhängt. Eine andere wichtige Konsequenz der Relativitätstheorie ist die Ansicht, dass *Materie und Energie austauschbar sind:* Masse ist nichts anderes als eine Form von Energie und Materie ist lediglich verlangsamte Energie. Unsere stofflichen Körper sind folglich Energie. Im Zuge der Forschung nach der subatomaren Welt stellten Wissenschaftler fest, dass es so viele so genannte "Elementarteilchen" gibt, dass sie nicht mehr als... elementar gelten konnten. Auf subatomarer Ebene ist Materie extrem veränderlich, in solchem Maße, dass man nicht mehr mit Sicherheit sagen kann, ob sie *besteht,* sondern nur ob sie *geneigt ist zu bestehen.* Alle Teilchen können in andere Teilchen umgeformt werden, sie können aus Energie entstehen und in andere Teilchen umgeformt werden oder aus Energie entstehen und Energie bleiben. So entsteht die Hypothese der Existenz plötzlicher Verbindungen (schneller als das Licht) auf einer höheren Ebene der Wirklichkeit - mit sehr hohen Schwingungen - auf der die "Dinge" und Ereignisse eine stärkere Bindung miteinander haben.[1]
Diese neue metaphysische Erkenntnis der Wissenschaft hat noch nicht dazu geführt, dass Abendländer den Menschen mit dem Kosmos in Zusammenhang bringen, solange ihre erworbenen Erfahrungen hauptsächlich in der kleinen Welt der Wissenschaft verwendet werden. Erst seit einigen Jahren ist das kollektive westliche Unbewusste, dank östlicher Ansichten, der Möglichkeit aufgeschlossen, dass der Mensch, als Teil des Kosmos, selbst auch Energie ist. Das Paradoxon besteht aus der materialistischen Anwendung dieser Intuition, die zu einer unmenschlichen Verwendung dieser Entdeckung geführt hat, wobei destruktive Ziele verfolgt werden. Wie im Falle der Kernwaffen oder der Erfindung von Instrumenten, die zum Stellen von Diagnosen verwendet werden und die den Menschen wiederum als aus Einzelteilen bestehend begreifen anstatt als etwas Ganzheitliches, das den göttlichen und spirituellen Ursprung des Menschen bestätigt.

Die östliche, spirituelle Anschauung

Östliche Mystiker sprechen nie vom "menschlichen Energiefeld" oder "Bioplasma". Sie verfügten sicher nicht über die wissenschaftlichen Instrumente, die die westliche Wissenschaft heute besitzt: Aber ihre Intuition, die über 5.000 Jahre alt ist, wurde von den jüngsten Entdeckungen der Wissenschaft bestätigt. In der al-

Prana

Prana ist Sanskrit und leitet sich her von *Pra,* was "nach vorne" oder "außen" bedeutet und *An,* was "atmen, bewegen, leben" bedeutet. Es ist das *Pneuma,* der vitale Atem, der griechischen Philosophie. *Pra-an* oder Prana bedeutet also Atem oder Lebenskraft. Prana unterscheidet sich deutlich von Elektrizität, Licht und Wärme, da es aus einer höheren Dimension kommt. Es ist keine kosmische Energie in dem Sinne, dass sie *von der Sonne ausgestrahlt wird.* Die Menge an Prana, die in der Atmosphäre vorhanden ist, steht also in engem Zusammenhang mit der atmosphärischen Situation, mit der Zeit und den Jahreszeiten. Prana, das in der Atmosphäre der Erde gelangt, dringt in stoffliche Teilchen ein und formt sie in vitale Teilchen um. Das *vitale Teilchen* ist sichtbar: Man kann es an einem sonnigen Tag am klaren Himmel sehen und es ähnelt einem leuchtenden, glänzenden Funken. Die Teilchen enthalten eine Art von Energie, die sich an einem bewölkten Tag nicht manifestieren kann, im Winter werden sie weniger und nachts verschwinden sie ganz. Diese ätherischen Teilchen verändern sich ständig und sobald sie mit Energie geladen sind, wogen sie durch die Luft, bis sie von einem lebendigen Wesen aufgenommen werden über die Sonne, die Luft, das Wasser, die Nahrung oder die Chakren. Diese vitale Energie fließt durch die Aura eines jeden Lebewesens.[3]

ten spirituellen Tradition Indiens ist die Rede von einer universellen Energie, die Prana heißt (siehe Kasten *Prana*) und die als Element gilt, das alle Lebensformen bildet und hervorbringt. Dreitausend Jahre vor Christus entwickelten die Chinesen Hypothesen über eine Lebensenergie, die man Chi nannte und die alle lebendige und tote Materie erfüllt. *Chi* besteht aus zwei polaren Kräften: *Yin* und *Yang.* Die Kabbala, die mystische jüdische Theosophie, die rund 538 vor Christus entstand, weist auf die gleiche Energie in Begriffen astralen Lichts hin. Viel Doktrinen, wie die Vedas im alten Indien, die Theosophie, die Anthroposophie, die Bruderschaft der Rosenkreuzer, die Tradition der Heiler der amerikanischen Indianer, die tibetische Lehre, der indische Buddhismus, der japanische Zenbuddhismus, um nur einige Beispiele zu nennen, haben alle ihre eigene Definition vom menschlichen Energiefeld.[2]

Es gibt unzählige wissenschaftliche Entdeckungen, die diese Anschauungen bestätigen. Kosmische Energie kommt von oben und senkt sich über den Körper auf die Erde herab um danach über den Kopf oder die Arme den Körper wieder zu verlassen. Dies ist der Unterschied zwischen der westlichen Anschauung, die den Menschen vom Weltall scheidet und der östlichen Auffassung von Einheit. Energie bewegt sich spiralförmig (siehe Kasten *Kundalini*), Spuren hiervon finden wir in unseren Fingerabdrücken, in der Struktur einiger Gemüsesorten, zum Beispiel Zwiebeln und Kohl, in Muscheln, im Querschnitt von Baumstümpfen, in Strudeln von Flüssen und Meeren und in der Art und Weise, wie Zyklone gebildet werden. Das Wort "Energie", wie wir es verwenden, beschreibt einen *sich selbst in Stand haltenden Zustand der Interaktion zwischen den verschiedenen Teilen des Weltalls.*

Die verborgene Anatomie

Im Osten hat sich vor allem eine "subtile" Auffassung des menschlichen Körpers entwickelt und nicht so sehr eine objektive Analyse der stofflichen Anatomie. Dies ist vor allem auf religiöse Gründe zurückzuführen: Im alten Ägypten galt das sezieren von Leichen als Sakrileg. Überdies war die subtile Anschauung funktionell für Heilverfahren, die sich auf die Wiederherstellung eines ausgewogenen Energieflusses konzentrierten. In dieser subtilen Dimension, nicht sichtbar für physische Augen und deshalb "verborgen", sind "Organe" vorhanden wie zum *Beispiel Nadis, Meridiane, feinstoffliche Körper* und *Auren.* Es ist deutlich, dass es sich nicht um die üblichen Organe handelt; sie sind eher ihr Gegenstück in der unsichtbaren Dimension, die die stofflichen Organe mit dem Kosmos verbindet. Diese Verbindung ist nur möglich, wenn in Lebewesen Harmonie herrscht: Wenn diese Harmonie beeinträchtigt ist, zerreißt die Verbindung und es entstehen Energieblockaden, die die östliche Heilkunst versucht zu lösen, um die Harmonie wiederherzustellen.

Nadis

Stellen wir uns vor, dass in unserem Körper, außerhalb des Netzes der Blutgefäße, auch noch andere, unsichtbare Gefäße laufen, in denen kosmische und pranische Energie fließt: Ein dichtes Netzwerk weißer Linien, das durch den Ätherkörper läuft, der feinstoffliche Körper, der den stofflichen Körper in all seiner Ausdehnung umhüllt. Der Kreislauf ähnelt dem Blutkreislauf, allerdings befördert er Energie. In der indischen Tradition werden diese Gefäße *Nadis* genannt, nach dem sanskritischen *Nad,* was Bewegung bedeutet. Nadis haben verschiedene Stärken und Durchmesser: Die für Seher am sichtbarsten Nadis sind diejenigen, die entlang den Gliedmaßen und dem Brustkorb laufen. Der wichtigste *(Sushumna)* läuft am Rückgrat entlang und gibt dem ganzen Körper vitale Energie (siehe Kasten *Kundalini*). Die Meridiane der Akupunktur kann man mit den *Pranavaha*-Nadis vergleichen, die die Kraft des Prana befördern. Wo Nadis einander kreuzen, bilden sie Kraftzentren, die Chakren. Es gibt sieben Hauptchakren, die sich in den wichtigsten Nervenzentren befinden.

Chakren

Die Energien der negativen und positiven Polaritäten wirken aufeinander ein und kommen in einigen Punkten des menschlichen Körpers zusammen, in Energiezentren, die Chakren genannt werden. Das Wort *Chakra* stammt aus dem Sanskrit und bedeutet Rad, ein Kreis, der sich dreht, im Uhrzeigersinn oder gegen den Uhrzeigersinn. Laut der alten indischen Tantra-Lehre sind Chakren subtile Aktivitätszentren im menschlichen Körper. Sie sind nicht sichtbar und darum erkennt die westliche Wissenschaft sie nicht als stoffliche Organe an, obwohl sie Einfluss auf die stofflichen Organe ausüben, die in ihrer Nähe liegen. Wie viele Chakren gibt es und wo befinden sie sich? In einigen Texten ist die Rede von 88.000 Chakren: Jeder Punkt des menschlichen Körpers ist angeblich ein Strudel, der in der Lage ist, Energie aufzunehmen, umzuformen und zu verteilen. Andere nehmen an, dass es 144 Zentren gibt, sowohl kleine als auch große. Es gibt sieben Hauptchakren, die so genannten Meister-Chakren. Das erste befindet sich an der Basis der Rückgrats und das siebte liegt oben auf dem Kopf. Die anderen liegen am *Sushumna*-Nadi, der durch das Rückgrat läuft und in der westlichen Anatomie die Achse von Gehirn und Rückgrat ist. Alle Ereignisse beeinflussen uns vor allem über diese sieben Wege, die mit sieben Ebenen oder Sphären des Geistes in Verbindung stehen. Diese Lebenszentren produzieren und enthalten sehr starke kosmische und stoffliche Energie und jedes einzelne steht mit spirituellen und physischen Kräften in Verbindung. Auch dürfen wir nicht vergessen, dass die Ereignisse in unserem Leben unseren emotionalen Wünschen entspringen: Darum gehorcht die Energie unseren tiefsten Wünschen und den Gedanken, die im intimsten Teil unseres Bewusstsein verborgen sind (siehe Kasten *Das Denken*).

Wir alle haben die Möglichkeit, in den tiefsten Teil unseres Bewusstseins vorzudringen und in den sieben Meister-Chakren zu "lesen", wo unser Dasein, unsere Vergangenheit, das Jetzt und die Zukunft gespeichert sind. Diese symbolische Sprache kann intuitiv gelesen werden mit Werkzeugen, die eine reiche Symbolik besitzen, wie zum Beispiel Tarotkarten. Unsere Chakren sind ein Muster, mit dem wir unser Bewusstsein formen können; sie ermöglichen es uns, alle Elemente unseres Inneren besser zu betrachten: Geist, Körper, Verhalten und Kultur. Das Muster unserer Chakren hat die Neigung fortzuwähren, daher das Konzept Karma (Muster, das von Taten gebildet wird). In einigen indischen Mythen werden Chakren als Scheiben abgebildet, die wie Bumerangs geworfen werden, damit sie zurückkehren: Darum ist es einfach, in der sich wiederholenden Handlung eines Chakras stecken zu bleiben. Wir stecken in einem Muster, das uns auf einer bestimmten Ebene festhält, egal, ob es sich um eine Beziehung, um Arbeit oder eine Gewohnheit handelt oder, was meistens der Fall ist, schlechthin um eine Denkungsart. Chakren sind Kegel, die aus einem Energiestrudel bestehen, deren Spitzen am stofflichen Körper haften. Das erste Chakra zeigt nach unten und das siebte nach oben. Die anderen haben jeweils zwei Kegel, die vor und hinter dem stofflichen Körper liegen. Chakren befördern Energie und wirken wie Pumpen oder Ventile, die den Energiefluss im Körper regeln: Chakren wirken aufeinander ein über *stoffliche Systeme,* nämlich die Drüsen und das *Nervensystem.*[4]

Blumen

Chakren werden auch *Lotusblumen* genannt, weil sie die Blütenblätter symbolisieren, die durch die Öffnung eines Chakras metaphorisch beschrieben werden. Lotusblumen sind in Indien heilig: Sie wachsen im Schlamm, sie symbolisieren die Entwicklung des primitiven Wesens zur vollen Blüte des Bewusstseins. Dies wird im Basis-Chakra widerspiegelt, dem ersten Chakra, das in der Erde wurzelt und sich zur Lotusblume mit tausend Blättchen entwickelt, dem siebten Chakra. Ebenso wie Blumen können Chakren geöffnet oder eine Knospe sein, absterben oder in voller Blüte stehen, dem Zustand des inneren Bewusstseins entsprechend. Symbolisch geht man davon aus, dass der Stängel der Blume entlang der Rückseite des Rückgrats läuft (zwischen dem ersten und dem siebten Chakra) und dass die Blume sich an der Vorderseite des Körpers öffnet. Die Vorderseite ist mit der Emotionalität gekoppelt, die Rückseite mit der Willenskraft.

Baum

Die sieben Meister-Chakren gelten als integrale Einheit, die zusammen wirken und zusammen wachsen, wie ein Baum mit Wurzeln in der Erde und Blätter in der Luft. Für Hindus sind Bäume unsere Brüder und sie sagen, dass sie wie Energiebahnen funktionieren, da ihre empfangende Kraft nicht durch die Aktivität des Denkens blockiert wird. Dies zeigt, in welchem Maße das Spirituelle seine Wurzeln ins Alltagsleben eindringen lässt. In den klassischen Interpretationen wird dazu geraten, die niedrigen Chakren zu *unterdrücken,* um höhere Ebenen zu erreichen, aber wir sind der Meinung, dass die niedrigen Chakren genauso wichtig sind wie die höheren: Faktisch können wir nicht vollkommen sein ohne Wurzeln, ohne Sensualität, ohne Macht. Wichtig ist, dass *Gleichgewicht* herrscht: Ein Gleichgewicht zwischen den verschiedenen Chakren ist essenziell, nicht nur für die Gesundheit des stofflichen Körpers, sondern auch für die Persönlichkeit des Individuums.

Kundalini

"Kundalini, vom sanskritischen *Kundal,* "Knäuel", deutet die ruhende Schlange an. Vor der Schlange fürchtet man sich wegen ihres Giftes und sie ist das Symbol für schädliche Kräfte. Solange die Kundalini in uns ruht, gleicht sie unserem Unbewussten und düsteren Energien, die zugleich vergiftet und giftig sind. Wenn sie wach sind und unter Kontrolle, werden diese Energien zielsicher und sie schenken wirkliche Macht. Die Analogie mit dem Reptil geht zurück auf die Art und Weise, wie es sich fortbewegt, nämlich spiralförmig. Die Kundalini ähnelt der Schlange auch in der Weise, wie sie ihr Gift spritzt: Um zu beißen, dreht sich die Schlange um sich selbst und der Schwanz ist ein Kreis, auf den sie sich stützt. Wenn sie völlig aufrecht steht, ist sie nicht mehr gefährlich: Auf die gleiche Weise steigt die Kundalini auf bis zum Scheitel des Kopfes. An dieser Stelle ist sie ungefährlich und überdies verändert sich die Art ihrer bösen Kräfte und es stellt sich heraus, dass sie sehr kostbar sind. Die Kundalini äußert sich auch als eine Energiereserve, die Tendenzen belebt und sie auf das Universelle richtet. Das *Erwachen der Kundalini* ist in gewissem Sinne das Wiederaufleben der kosmischen Energie, die in jedem menschlichen Wesen latent vorhanden ist. Dieser Energie liegt der Ursprung aller Macht, aller Lebensformen und aller Kraft zu Grunde, zu denen der Mensch fähig ist. Dank der Kraft der Kundalini sind alle Lebewesen in der Lage zu handeln. Wenn das Individuum sich seiner selbst bewusst wird und begreift, dass es im Leben höhere Ziele gibt - nachdem es die sensuellen Genüsse und die Anziehungskraft der materiellen Welt besiegt hat- dann erfährt es ein Gefühl des Abstands und es schaut nach innen. *Die Energie wirkt der Schwerkraft entgegen, nach oben, in die Richtung des siebten Chakras,* das als das Zentrum des globalen Bewusstseins gilt, und reinigt so das Karma. Wer dieses Ziel erreicht, wird erleuchtet. Um die Kundalini auf die richtige Art und Weise aufsteigen zu lassen, müssen die Energiebahnen gereinigt sein. Bevor man mit der *Reinigung* beginnt, zum Beispiel mit *Yoga* und *Reiki,* kann man den Zustand der Chakren feststellen, indem man eine *symbolische Diagnose* mit Hilfe der *Tarotkarten* stellt. Steigt die Kundalini nicht auf die richtige Art und Weise, so kann das so genannte "Kundalini-Syndrom" auftreten. Dieses Syndrom äußert sich durch ernste Krankheiten mit einem spezifischen Merkmal: Die Ursachen können nicht durch eine klinische Diagnose festgestellt werden. Alles scheint in Ordnung zu sein, aber in Wirklichkeit handelt es sich um eine Störung, die sich anderswo entwickelt. Diese Krankheiten schleppen sich über Jahre hin, ohne das physische Anomalien festgestellt werden können. Danach geht es schnell zu Ende, zum Beispiel durch Krebs oder einen Infarkt.

Entwicklung der Chakren

Der heilige Franz von Assisi ist der vollendete Vertreter einer Entwicklung, die auf dem Erleben aller Erfahrungen basiert, um *in einem einzigen Leben Heiligkeit zu erreichen.* Dies ist im Prinzip *allen Wesen gegeben,* obwohl nicht jeder dazu in der Lage ist. Emporheben des Bewussten und des Bewusstseins findet durch ein deutliches Projekt statt, das wir uns in unserem irdischen Dasein zum Ziel setzen. Ohne diese Zielsetzung wird das Leben eine langweilige und nutzlose Wiederholung sinnloser Handlungen. Chakren müssen von Kindheit an trainiert werden, als ob es Muskeln wären, die trainiert werden müssen. Man sollte es lernen, die Energie, die die Chakren generieren, zu verwalten. Bis zu unserem vierten Lebensjahr empfangen wir nur Energie über das siebte Chakra und wir entladen Energie durch das erste Chakra. Die Größe der Chakren ist nicht vom Alter abhängig, sondern von Erfahrungen, die man gemacht hat - die allerdings mit dem Alter zu tun haben. Es kann auch andere Gründe geben, warum ein Chakra kleiner ist als das andere.

Farbe der Chakren

Erst nach dem sechsten Lebensmonat bekommen die Chakren eine Farbe: Das geschieht, wenn das Nervensystem gebildet wird. Davor gibt es nur weiße Blitze. Die Farbe des Chakras muss gut definiert und bestimmt werden im Bewusstsein, das dem Chakra entspricht. Das *Chakra ist nämlich der Spiegel des Bewusstseins* und aktiviert zugleich die *Schwingung,* die zu der *spezifischen Farbe* gehört. Mit anderen Worten, das bedeutet *Gleichgewicht, Bewusstsein, Gesundheit* und *Überfluss.* Wir wissen aus Erfahrung, dass dies leider nur selten in einem Zustand mangelnden Selbstbewusstseins geschieht, wenn wir noch denken, dass andere für unser Unglück oder Glück verantwortlich sind. Was für ein enormer und gefährlicher Irrtum! Es wird fantastisch sein, wenn man entdeckt, das alles von uns selbst abhängt, folglich auch unsere Heilung. Wir sehen große Gruppen von Menschen, die nicht verstehen, wie unglücklich sie sind und voller Mühe gegen Krankheiten, Armut und Einsamkeit kämpfen. Wenn wir sie mit den Augen eines "Sehers" sehen könnten, würde uns ein besonderes Phänomen in ihren Chakren auffallen, nämlich *Invasionen von Farben, die nicht mit der richtigen Schwingung des Chakras übereinstimmen.* Nennen wir die Farbe eines jeden Chakras:

Siebtes:	Gold, violett, weiß
Sechstes:	Indigo, violett
Fünftes:	Blau
Viertes:	Grün, rosa
Drittes:	Gelb
Zweites:	Orange
Erstes:	Rot, schwarz

Dieses Schema steht für die "perfekte" Farbe der Schwingungen des Farbspektrums, aber wir werden erklären, welche Folgen unsere Emotionen, Ängste, Spannungen und andere negative Erfahrungen haben können.
Wir werden einige Beispiele des Begriffs *Allgemeiner Führer Arkanum* (AFA) nennen, den wir später behandeln werden und der sich auf Zustände, die in allen Chakren auftreten können, bezieht.
Danach folgt eine kurze Erklärung dessen, was während einer ätherischen "Heilung" geschieht, weil wir nur so erklären können, was genau geschieht. Dies kann man auch durch die Großen Arkana erfahren.
Rot ist die Farbe, die oben Stehendes am besten illustriert. Diese Farbe gehört zum *ersten Chakra* und bedeutet, dass wir *Sicherheit* haben, weil wir alle Probleme des Überlebens schon gemeistert haben, dank einer guten Beziehung zu unserer Mutter. Mit anderen Worten, wir haben auf jeden Fall eine gute Stellung, ein schönes Haus und genügend Geld um zu tun, was wir für unser Dasein nötig finden.
Wenn wir Rot hingegen *in anderen Bewusstseinsschichten* finden, so kommt in den anderen Bewusstseinsschichten *Unsicherheit, Misstrauen* und *Angst* vor. Wenn wir zum Beispiel Rot in Grün sehen, so hat die bewusste Person Angst, um Liebe zu empfangen und findet nur falsche Lieben. In diesem Fall befindet sich wahrscheinlich auch etwas Blau im vierten Chakra. Das bedeutet, dass man nach etwas "hungert" (in diesem Fall "nach Liebe hungern").[5]
Damit das Ganze verständlicher wird, lassen wir sehen, was *Rot in anderen Bewusstseinsschichten* bedeutet:

im zweiten Chakra:	Unsicherheit und Angst vor Nahrung und Sex
im dritten Chakra:	Unsicherheit und Angst im Bereich der Macht, Freiheit und Kontrolle
im vierten Chakra:	Unsicherheit und Angst in der Liebe und in Beziehungen
im fünften Chakra:	Unsicherheit und Angst sich auszudrücken
im sechsten Chakra:	Unsicherheit und Angst in der Spiritualität
im siebten Chakra:	Unsicherheit und Angst vor der Mutter an der Stelle des Vaters

Auf die gleiche Weise bedeutet *Blau,* dass man sich nicht wohl fühlt, *Hungern* nach Nahrung, Sex, Macht, Freiheit, Kontrolle, Liebe, Spiritualität, dem Vater.
Wenn andere Farben außerhalb ihrer eigenen Stelle auftreten, so sind sie oft der Schlüssel für die Lösung von Problemen. Wenn sich zum Beispiel Grün in Rot befindet, werde ich eine Stellung finden dank meiner Beziehungen, mein Mann wird mir ein schönes Haus geben, usw.

Das Denken

Das Denken ist das wirksamste Mittel, über das der Mensch verfügt, es ist der göttliche Funke, der seine spirituelle Dimension bestätigt, der keine Schranken oder Entfernungen kennt. Mit dem Denken können wir mit höheren Welten Kontakt bekommen und aus der Entfernung handeln. Jedes menschliche Wesen hat eine eigene Schwingung, die durch sein Bewusstseinsniveau bestimmt wird und Menschen und Dinge beeinflusst. Diese Schwingungen können von anderen aufgefangen werden, abhängig von ihrer Entwicklung. Es kann geschehen, dass wir uns auf eine bestimmte Art und Weise verhalten, ohne dass wir es merken, da wir unbewusst durch gleichartige Energien von Menschen beeinflusst werden, mit denen wir in Kontakt stehen.

Das ist das *Gesetz der Resonanz,* das gleiche Gesetz, das dafür sorgt, dass eine Stimmgabel nur auf einen Ton reagiert, wenn dieser in ihrer eigenen Frequenz schwingt. Wenn dies nicht der Fall ist, gibt es den Ton nicht für die Stimmgabel, da sie ihn nicht wahrnehmen kann. Das Gleiche gilt für ein Radio, das auf die Mittelwelle abgestimmt ist und ausschließlich die Mittelwelle empfangen kann, auf Grund seiner eigenen Resonanz[6]. Der Gedanke hat noch ein anderes Merkmal: Einmal formuliert wird er im Weltall losgelassen und überlebt dort. Die Schwingungen, die wir ausstrahlen, gehen nie verloren und sie gesellen sich zu anderen Gedanken mit ähnlichen Schwingungen: Wenn die Gedanken positiv sind, schließen sie sich anderen positiven Gedanken an. Wenn sie negativ sind, schließen sie sich anderen negativen Gedanken an. Es ist deutlich, wie stark ein Gedanke auf diese Weise anschwellen kann.

Überdies gibt es einen “Bumerangeffekt” des Gedanken: Alles, was von uns ausgeht, kommt zu uns zurück, selbstverständlich mit einem viel größeren Potenzial, auf Grund des Effekts der Hinzufügungen. Die Bedeutung des positiven Denkens ist deutlich: Es ist beängstigend, an unsere negativen Gedanken zu denken, die vervielfacht zurückkehren. Dieser Mechanismus hat mit dem Gesetz des Karma zu tun, das Gesetz von Ursache und Wirkung, das gilt, ohne dass man sich dessen bewusst ist. Die moderne Wissenschaft hat den wohl tuenden Einfluss des positiven Denkens auf die menschliche Physiologie bereits bestätigt.

Wir müssen zwei Farben gesondert behandeln, weil sie kein Teil des Farbschemas der Chakren sind, jedoch nach dem Prinzip des Allgemeinen Führers Arkanum beurteilt werden können (siehe *Tabelle AFA der Tarotkarten*). Das sind *Weiß* und *Schwarz*, die jeweils für *Vermeiden* und *Unterdrücken* stehen: Wir können sie mit dem Arkanum der Hohepriesterin vergleichen, in dem Sinne, dass das Feminine materielle Dinge meidet und mit dem Herrscher, im negativen Sinne, wenn er seine Macht gebraucht, um zu unterdrücken (siehe Kasten *Arkana*).

Dies ist der Nutzen der Verwendung der *Tarotkarten:* Wir können in unsere Chakren blicken und Dinge sehen, bevor wir bewusste Seher sind. Das Tarot hilft uns auch und vor allem, um diese vergessenen Fähigkeiten wieder erwachen zu lassen. Wir vertiefen dieses Thema noch im Teil über die Tarotkarten, namentlich wenn wir die verschiedenen Arten von Energie, für die sie stehen, erläutern.

Die feinstofflichen oder subtilen Körper

Wir nennen sie *Körper*, obwohl ihre Struktur immer subtiler wird, in dem Maße, wie sie sich weiter vom stofflichen Körper entfernen. Sie sind nämlich ein vollständiger Teil des stofflichen Körpers. Körperlichkeit könnte ohne diese subtilen Teile nicht bestehen können, da sie uns mit dem Kosmos in Kontakt bringen. Die subtilen Körper, die das menschliche Energiefeld bilden, sind insgesamt sieben Körper mit verschiedenen Schwingungen, Tönen und Farben, bedingt durch die Erfahrungen, die in den Bewusstseinsschichten gespeichert sind, mit denen sie verbunden sind. Der *ätherische*, der *emotionale* und der *geistige* Körper weisen noch auf die *materielle* Ebene hin und bilden die *dreifache Aura*, die die drei Elementarteile des Menschen repräsentiert. Diese drei Körper sterben, wenn der stoffliche Körper stirbt, allerdings etwas später.
Der Astralkörper ist schon ein Teil eines anderen Energiefeldes. Er weist nicht mehr auf Materie hin, sondern auf den *Geist*. Dieser Körper stirbt nicht mit dem stofflichen Körper, sondern gerät in einen anderen Energiezustand. Der *ätherische Urgestaltkörper*, der *himmlische* Körper und der *kausale* Körper bilden die *zweite Aura* und metabolisieren die *Energie der spirituellen Welt*. Jeder *höhere Körper* dringt völlig in alle *niederen Körper* ein, den stofflichen Körper inbegriffen. Der emotionale Körper dehnt sich zum Beispiel weiter aus als der Ätherkörper und dringt sowohl in den Ätherkörper als auch in den stofflichen Körper ein. Durch diesen *Schwingungsmechanismus* ist es möglich, in verschiedene Schichten einzudringen, zum Beispiel bei einer Heilung, um sich wirksamer Resultate sicher zu sein, da der stoffliche Körper die Wohltat von seinem höheren, subtilen Körpern empfangen wird. Der stoffliche Körper wird von einer vielfarbigen, durchsichtigen Schicht umhüllt, die Hellsehern zufolge nicht nur eine Widerspiegelung der sieben Farben des Regenbogens ist, sondern zugleich von verschiedenfarbigen Blitzen durchzuckt wird, je nach innerem Geisteszustand.

Die Beschreibung der *sieben subtilen Körper* variiert, je nach Philosophie oder spiritueller Schule. Auf der Grundlage unserer Nachforschungen und Erfahrungen legen wir Ihnen die nachfolgende Beschreibung vor.[7]

Der Ätherkörper

Dies ist der erste subtile Körper, der für das Funktionieren des *stofflichen* Körpers verantwortlich ist. Sein Name leitet sich vom Wort *Äther* her, der Schicht zwischen Energie und Materie. Er besteht aus einem Netzwerk glänzender Lichtstrahlen und hat genau dieselbe Struktur wie der stoffliche Körper, einschließlich der anatomischen Teile und aller Organe. Er besteht aus einer genauen Struktur, der "energetischen Form", in der die physische Materie "verankert" ist, aus denen das Körpergewebe gemacht ist. Die energetische Form besteht schon vor der Bildung des Körpergewebes innerhalb dieser Form. Die Struktur des Ätherkörpers ist ständig in Bewegung und ragt fünf Zentimeter über den stofflichen Körper hinaus. Die Farbe variiert von hellblau bis grau. Die erste Farbe weist auf einen subtileren Zustand hin als der Zustand, der durch Grau ausgedrückt wird. Alle Chakren des Ätherkörper haben die gleiche Farbe und ähneln Strudeln, die durch ein Netzwerk aus Licht gebildet werden. Wenn wir den Ätherkörper vom stofflichen Körper isolieren würden, würde er als eine menschliche Figur erscheinen, der aus leuchtenden, intermittierenden Linien besteht, wie der "Spinnenmensch". Dieser Körper kennt alle körperlichen Gefühle: Eigentlich ist der stoffliche Körper an sich gefühllos. Um dies zu verstehen, brauchen wir nur daran zu denken, was Menschen erzählen, bei denen ein Glied amputiert wurde: Nach der Amputation des stofflichen Gliedes ist das Ätherglied noch mit dem Körper verbunden. Darum existiert der Phantomschmerz.

Der emotionale Körper oder die zweite Schicht

Dieser Körper hängt mit *Gefühlen* zusammen und folgt dem Umriss des stofflichen Körpers, ohne ihn zu kopieren. Es scheint aus einer farbigen Substanz zu bestehen, die sehr subtil ist und sich bewegt. Die Farben variieren von hellen und strahlenden Tönen bis zu dunklen, matten Farben, abhängig von der Energie, die dort produziert wird. Liebe, Erregung, Freude oder Wut rufen helle und deutliche Farben hervor; wirre Gefühle sorgen für trübe und dunkle Farben. Der emotionale Körper enthält alle Farben des Regenbogens von allen Chakren und erscheint als ein Ganzes aus lockeren Verdickungen. Dieser Körper ist hauptsächlich für Gleichgewicht und Gesundheit verantwortlich: Er ist der Körper, in dem Impulse des Unterbewusstseins aktiv sind und er kann den anderen Körpern überlegen sein. Sein Vermögen, sich auszudehnen, äußert sich in einigen Redensarten, zum Beispiel "außer Rand und Band geraten". Den Einfluss von Emotionen auf die Gesundheit erkannte schon die alte Heilkunde. Die chinesische Medizin sieht zum Beispiel einen Zusammenhang zwischen Angst und den Nieren, Wut und der Leber, Fröhlichkeit und dem Herzen, Kummer und den Lungen und Sorge und dem Magen.

Der geistige Körper

Dieser Körper besteht aus noch dünneren Substanzen, die als gelbe, leuchtende Strahlung erscheinen. Er steht in Zusammenhang mit dem *Denken* und der Aktivität des *Geistes* und enthält die Struktur unserer Ideen. Im Inneren kann man die Formen der Gedanken sehen. Normale Gedanken werden wichtige Kräfte, die unser Leben beeinflussen. Hier übermitteln wir Meinungen, die durch die Familie, durch Kultur, Schulen und Religionen geprägt werden und die zur Bildung von *Klischees* neigen.

Der Astralkörper

Dieser Körper ist mit dem *Herzchakra* verbunden. Hier wird alle Energie umgewandelt, die in den Körper kommt: Die niederen Energien müssen das Herz passieren, um in *spirituelle* Energie umgewandelt zu werden und umgekehrt. Hellseher haben nachgewiesen, dass sich beim Durchlaufen der vierten Schicht der Liebe zu anderen Ebenen der Wirklichkeit alles verändert. Es entstehen *Wesen, Formen* und *persönliche Funktionen,* die dasjenige, was wir normalerweise *menschlich* nennen, übertreffen. Wir erfahren diese Wirklichkeit während unseres Schlafes (siehe Kasten *Träume*), aber wir können uns oft nicht daran erinnern. Durch einige *Meditationstechniken* öffnen wir die Verbindungen der Chakren und wir lassen das Bewusstsein durch verschiedene Schichten und Körper reisen.
Die Farben des Astralkörpers sind schöner als die des emotionalen Körpers; das Farbspektrum ist das gleiche, oft mit der rosigen Helligkeit der Liebe durchtränkt. Wenn sich zwei Menschen ineinander verlieben, kann man zwischen ihren Herzen wunderschöne Bögen aus rosa Licht sehen. Wenn Individuen miteinander in Kontakt treten, *entwickeln sich Stränge,* die den Chakren entspringen und die Menschen miteinander verbinden. Die Stränge werden zahlreicher, in dem Maße, wie der Kontakt dauerhaft und fest wird. Wenn der Kontakt unterbrochen wird, *fallen die Stränge auseinander,* was viel Schmerzen bereitet. Wenn jemand einen anderen von sich weist, lösen sich die Stränge und ziehen sich wieder ins Ich zurück.

Der ätherische Urgestaltkörper

Dieser Körper enthält alle bestehenden Formen auf der *materiellen* Ebene, in Form eines Modells oder eines Abdrucks und das ist die Form des Ätherkörpers. Im Falle von Krankheit, wenn sich der Ätherkörper verändert, kann Genesung beschleunigt werden, indem man in den ätherischen Urgestaltkörper eingreift.

Die ätherische Ebene ist die Ebene, auf der *Klänge* Materie kreieren. Darum ist eine auf Klängen basierte Therapie am wirksamsten, wenn ein Eingriff in diese Schicht nötig ist. Die Formen erscheinen als durchsichtige Linien auf einem kobaltblauen Hintergrund.

Der himmlische Körper
Dies ist die emotionale Ebene auf geistigem Gebiet. Hier erfahren wir die *Ekstase*, die mit Hilfe von Meditation erreicht werden kann. Wenn wir in jedem Gegenstand Licht und Liebe sehen und keine einzige Trennung zwischen uns und dem Licht erfahren, sind wir mit Gott eins geworden.
Wenn das Herzchakra und das himmlische Chakra geöffnet und miteinander verbunden sind, kommt bedingungslose Liebe frei, die in einem wunderschönen, blendenden Licht mit Pastellfarben und gold- und silberfarbigen Widerschein erscheint: Es ähnelt einer Art Kerzenlicht.

Der kausale Körper
Dies ist die *mentale Ebene im spirituellen Bereich.* Seine Erscheinungsform besteht aus winzigen silbernen und goldenen Lichtfäden. Dieser Körper hat eine Außenschicht mit der gleichen ovalen Form wie das Aurafeld und er breitet sich der Menge Energie des Individuums entsprechend aus. Die Außenseite ist sehr elastisch und schwer zu durchdringen, er schützt wie eine Schale. Der kausale Körper enthält *alle Schichten der Aura,* die mit der *heutigen Inkarnation* des Individuums in Verbindung stehen (siehe Kasten *Reinkarnation*). In der Verbindung zum Bereich zwischen Kopf und Hals befindet sich das frühere Leben, das der Mensch im jetzigen Leben zu lösen versucht. Er enthält das Lebensprojekt des Individuums und er ist die letzte Ebene, die direkt mit dieser Inkarnation verbunden ist. Über dieser Ebene befindet sich der kosmische Bereich, den man nicht in einer einzigen Inkarnation erfahren kann.

Die Aura

Wir haben die *Chakren* und *subtilen Körper* behandelt, jetzt wollen wir den Begriff *Aura* erklären. Chakren fangen mit ihrem Kreislauf kosmische Energie auf und sie sind mit der Spitze des Kegels mit den Nadis und mit ihrer Basis mit den subtilen Körpern verbunden. All diese Interaktion bilden zusammen die *schützende Schale,* die man auch Aura nennt. Mit anderen Worten, Chakren fangen kosmische Energie auf, auf eine Art und Weise, die für jedes Individuum anders und einmalig ist. Durch die Verschiedenheit der menschlichen Erfahrungen, die in den Chakren gespeichert sind, ist die Verbindung zur kosmischen Energie für jeden anders. Auch die Verbindung der Chakren mit den verschiedenen Schichten der subtilen Körper ist einmalig und individuell. Die Aura ist nichts weiter als die äußere Hülse der Gesamtheit der Bewusstseinsschichten, darum ist auch die Aura einmalig und individuell. Überdies ist das menschliche Energiefeld ein Ausdruck der universellen Energie, die mit dem Leben des Menschen eng verbunden ist und somit mit seinen Emotionen, Wünschen, erschütternden Erfahrungen etc. Darum ist die Aura fortwährenden Veränderung im Hinblick auf ihren Umfang, Stärke und Farbe unterworfen.

Wenn die Chakren *harmonisch* funktionieren und die Aufnahme der Energie im Gleichgewicht ist, hören die Ursachen unserer "Krankheiten" auf, weil unsere subtilen Körper, die mit Liebe genährt werden, an der Stärkung unserer Schutzschicht beitragen, die uns gegen negative Ereignisse von außen schützt, wodurch innen ein harmonisches, wunderschönes Strömen farbiger Energieschwingungen ermöglicht wird.

Sind die Chakren hingegen durch *negative Gefühle* verschmutzt, die Folge von Ängsten, materiellem Denken, Sex, Alkohol, Tabak, Drogen, Völlerei, so sind sie nicht in der Lage, um die universelle Energie aufzufangen; überdies haben sie die Neigung, die Energie, die das Individuum produziert, wegfließen zu lassen. In dem Falle leben die subtilen Körper in einer Art Chaos, wodurch die Hülle immer schwächer wird und sogar Risse an der Oberfläche bekommen kann, so dass Energie nach außen lecken kann und negative Ereignis eindringen können. Erst flossen die Farben harmonisch in unsere Aura, jetzt wird die Aura von Blockaden, Rissen und Flecken durchzogen. Wenn sich das Individuum nicht schnell verändert, können sich nur negative Aspekte entwickeln - wie Wut, Hass und Mangel an Vergebung - die zu Krankheiten führen können.

Farben der Aura

Hellseher berichten von faszinierenden Erfahrungen mit Farben. Die Farben der Chakren sind deutlich definiert (siehe Tabelle der Chakren), aber im Falle der subtilen Körper bewegen sich die Farben anders. Wir verweisen jetzt auf Erfahrungen, die wir selbst gemacht haben.

Der *Ätherkörper* ist fast farblos mit Blautönen. Der *mentale Körper* ist gelb. Der *ätherische Urgestaltkörper* ist kobaltblau mit hellen Lichtlinien. Der *kausale Körper* besteht aus silbernem und goldenen Licht. Der *emotionale Körper* enthält, wie wir schon erwähnten, alle Farben des Regenbogens, ebenso wie der *Astralkörper*, mit dem subtilen Unterschied, dass die Farbtöne im letztgenannten Körper etwas zarter sind und zu Pastellfarben neigen. Die gleiche Farbzusammensetzung sehen wir im *himmlischen Körper*, der sich wie eine Explosion von Feuerwerk äußert und den wir während einer Meditation nach einer Reinigung mit Hilfe von Krya-Yoga in New Delhi sahen. Diese Ströme von Farben können uns ein getreues Bild vom inneren Leben des Menschen verschaffen. Unsere Gedanken (siehe Kasten *Das Denken*), ein Teil unserer Aura, alle seelischen Zustände, die so veränderlich sind, all unsere Neigungen, Freude und Schmerz, werden in der Aura mittels Farben ausgedrückt und durch eine Reihe anderer Hinweise, die wir *Zeichen* nennen werden. Wir nennen einige Beispiele für *Farben* und *Zeichen.*

Farben

Je mehr sich der Mensch seiner instinktiven Natur entledigt, desto dünner wird die Aura. Die Farben der Aura zeigen, ihren Nuancen entsprechend, welche Entwicklungsebene der Mensch erreicht hat. In dem Sinne haben Farben mehr als nur eine Bedeutung: Ebenso wichtig sind die Nuancen, die Farben zu einem bestimmten Zeitpunkt haben. Es gibt keine "guten" oder "schlechten" Farben; ihre Bedeutung hängt von der Schattierung und der Helligkeit ab, mit der sie sich präsentieren. In diesem Bereich sind zahllose Interpretationen möglich. Wir nennen lediglich ein paar Fälle, die unserer Meinung nach charakteristisch sind.

Hellrot:	Kosmische Liebe.
Mattrot:	Sensualität, Wut, Perversion, niedere Triebe.
Hellgrün:	Hingabe, Anpassungsfähigkeit, Verständnis.
Dunkelgrün/Mattgrün:	Eifersucht, Verrat, Verschlagenheit.
Rotbraun:	Geiz.
Orange:	Große Vitalität, Konkretheit im Alltagsleben.
Mattorange:	Ehrgeiz, Stolz.
Hellgelb:	Intellektuelle Entwicklung, Weisheit.
Gelb + Dunkelgrau:	Egoismus.
Mattblau:	Sektierertum, Scheinheiligkeit.
Hellblau:	Erhabener Mystizismus, hohes spirituelles Niveau.
Rosa:	Liebe in Bewegung.
Rosa + Lila:	Spirituelle Liebe zur Menschheit.
Violett:	Violett wird selten wahrgenommen, da es zu einem sehr spirituellen Individuum gehört.
Grau:	Ist keine echte Farbe, aber falls anwesend weist es auf Krankheit, Enttäuschung und Depressionen hin.
Schwarz:	Neid, Boshaftigkeit, Hass, Unterdrückung.
Weiß:	Die Gesamtheit aller Farben des Spektrums. Im Allgemeinen weist es auf das Meiden bestimmter Dinge oder einer Person.

Zeichen

Risse, Vertiefungen und *Löcher* weisen darauf hin, dass die Energie *unzureichend* zirkuliert. Wenn dieser Zustand lange dauert, können sich gefährliche Krankheitsbilder entwickeln. Im Falle eines Knochenbruchs sind die Zeichen als rötliche *Wolken* sichtbar; wir können auch Zeichen alter Frakturen sehen, die noch vorhanden sind. Manchmal sieht man matte weiße *Löcher*, die Chakren ähneln können, sich jedoch nicht drehen. Wenn sie mit Organen in Verbindung stehen, weisen sie auf Krankheiten hin, die so schnell wie möglich behandelt werden müssen. *Blitze* und *Funken* sieht man vor allem bei *emotionalen Personen* und sie weisen auf *Reizung* und *Wut* hin. Wenn Wut mit tiefem Hass einher geht, äußert sie sich durch Blitze aus rotem Licht, die zu schwarzem hinneigen, wenn sie sich vom Astralkörper lösen. Rote Funken, die an der Außenseite des emotionalen Körpers entweichen, weisen auf einen Zustand tiefer Unruhe hin. *Flecken* sind das *negativste* Zeichen, das man sehen kann. Manchmal sind sie über das ganze Aurafeld verteilt, bisweilen konzentrieren sie sich auf eine Stelle. Der Ernst der Störung hängt von der *Intensität der grauen Farbe* ab, aus dem die Flecken bestehen: Je dunkler und konzentrierter, desto ernster ist das Problem. Drogenmissbrauch (Heroin, Kokain, Marihuana etc.) ruft große graugrüne Flecken in der Höhe des Kopfes hervor. Wenn sie rotbraun sind, weisen sie darauf hin, dass sich Krebsgeschwüre im Körper befinden.[8]

Dies alles ist nur ein *winziger Leitfaden* für diese Welt, die vielen von Ihnen noch unbekannt ist. Jede andere Dimension oder Erfahrung, die Sie gemacht haben und die anders ist als das, was wir bisher besprochen haben, ist auch wahr und wertvoll.

Wir müssen alle unseren eigenen Schlüssel finden, um lesen zu können, was wir sehen, eine Sprache entwickeln, die die Botschaften der subtilen Körper, der anderen Dimension, weitergibt.

Energieblockaden

Wenn Gesundheit sich mit einem harmonischen Energiestrom deckt, dann ist Krankheit vor allem eine Energieblockade. Ein unausgeglichenes Fließen der Energie wird durch kulturelle, familiäre und religiöse Überbauten verursacht, durch Schulen, die verhindern, dass wir mit der tiefsten Essenz unseres Wesens oder unseres Bewusstseins in Kontakt treten und die zu einem Dasein führen, das sich unseren echten Ambitionen nicht anschließt. Unser Dasein ist dann ein fortwährender Konsens, wodurch unbegreifliche Situationen entstehen, die zu Schuldgefühlen, Frustrationen, Schocks und Aggressionen führen. Diese Gefühle sind wie ein Deich, der das Fließen des Flusses hemmt. Um geheilt zu werden, muss der Deich abgetragen werden, die Blockade muss beseitigt werden, so dass die Krankheit vom Energiestrom des Wassers weggespült wird.

Träume

Der *Geist* und die *Seele* lenken unser *Leben.* Die *Persönlichkeit* denkt, dass sie immer weiß, was geschieht, aber zum Glück gibt es ein Kommunikationsmittel zwischen beiden Teilen, den *Traum.* Während wir schlafen, öffnet sich unser *Selbst,* das heißt unser *geistiger Teil,* den *großen Räumen des Unbewussten* und der Sterne und bringt uns mit dem tiefsten Aspekt unserer selbst in Kontakt, das durch *Träume* und ihre *symbolische Sprache* zu uns spricht. Träume sagen etwas über das Heilige in uns aus und über die Wirklichkeit, die wir schaffen. Träume schaffen eine Wirklichkeit, da *jeder Gedanke Energie ist.* Auch wenn wir auf der Ebene des Nabels leben, haben wir doch Kontakt mit unserem höheren Selbst, auch wenn wir ihm oft nicht zuhören.

Was geschieht, wenn wir schlafen gehen? Wir beruhigen unseren Geist, verändern die Schwingungen und die Gehirnströme, wir begeben uns erst in den Alpha-Rhytmus α, danach in den Theta- Rhythmus θ, und dann in den Delta-Rhythmus, δ. Je höher wir kommen... desto tiefer gehen wir. Während wir steigen, dringen wir tiefer in die verschiedenen Bewusstseinsebenen ein und dort besteht die Möglichkeit, die verschiedenen Bewusstseinsschichten miteinander in Kontakt zu bringen mittels Träumen. Träume erzählen uns mit Botschaften, was los ist: Wenn wir noch nicht bereit sind, die Botschaften zu empfangen, kommen sie symbolisch zu uns, so dass die Persönlichkeit keine Schwierigkeiten hat, sie zu verarbeiten. Tief in unserem Inneren wissen wir, was das Symbol bedeutet oder in jedem, von welchem Teil die Botschaft gekommen ist. Um die Botschaft zu verstehen, müssen wir uns auf sie einstimmen, indem wir die Symbolik lesen.

Wir schlafen und träumen in Zyklen: Von θ nach α, von θ nach δ, dann begeben wir uns nach α und wieder nach δ, wo die Konzentration am größten ist. Die Traumzyklen dauern anderthalb Stunden: Wenn der Wecker klingelt, während wir weit weg sind... dann erschrecken wir uns!

Hier fragen wir uns, *wie* die Präsenz von Energieblockaden kontrolliert werden kann. Wir haben schon gesagt, dass dies dank des Verstehens der *symbolischen Sprache,* mit der die Chakren "sprechen" und den Geheimnissen des Tarot möglich ist; das Erlernen der Sprache ist das Ziel dieses Buches. Durch die Sprache sind wir nicht nur in der Lage, zu wissen, dass eine oder mehrere Energieblockaden in uns oder in einem anderen aktiv sind, wir verstehen vor allem, wo und wie sich diese Blockade manifestiert und es werden Methoden vorgeschlagen, um die Blockade zu beseitigen.

Wir müssen uns klar machen, dass es in normalen Umständen nur selten vorkommt, dass alle Chakren aktiv und in Funktion sind, im perfekten Gleichgewicht miteinander, da alle innere Unausgeglichenheit und emotionale Traumata ihre Funktion beeinflussen. Wenn ein Chakra blockiert ist, entsteht eine Energiestörung in den dazugehörigen Organen. *Die Chakren wieder ins Gleichgewicht bringen* bedeutet also, dass einem Prozess ganzheitlicher *Abstimmung* ein wichtiger Impuls gegeben wird. Wenn das System gut funktioniert, kann es unser Wachstum stimulieren. Im gegenteiligen Falle repräsentiert das Muster eine persönliche Blockade.

Es ist das Ziel, *die Chakren von dem alten, negativen Muster zu befreien,* mittels einer eingehenden Bewusstwerdung, so dass die sich selbst in Stand haltenden Aktionen einen positiven Einfluss haben können und die vitale Energie auf höhere Ebenen steigen kann. Chakren können *offen* oder *geschlossen* sein (aufgeladen oder entladen), oder sich in einem dazwischenliegenden Zustand befinden.
Der Zustand der Chakren ist manchmal ein wichtiger Aspekt der Persönlichkeit oder er kann zeitweilig sein. Diesen Unterschied sehen wir auch bei Bach im Unterschied zwischen den Heilmitteln *Type* und *Mood.* Ein Chakra, das leidet, ist manchmal nicht in der Lage, seinen blockierten Zustand zu verändern. Dann muss das Chakra geheilt werden, die Ursache der Blockade muss gesucht und beseitigt werden. Natürlich sind die negativen Folgen oft sichtbar: Krankheiten, Leiden, Verlust, Aggression. Krankheiten stellen wir fest auf Grund ihrer Symptome und sie sind eine Energiestörung, die eine "energetische Variation" verursacht, die sich erst im subtileren Teil äußert und später im dichteren Teil (dem stofflichen Körper). Negative Energie manifestiert sich im energetischen Körper (der Aura), mindestens drei Jahre bevor die physische Äußerung der Krankheit als eine kleine Störung der Funktion unseres Geistes beginnt. Wir haben also mindestens *drei Jahre zur Besserung,* zur Heilung und zur Veränderung: Unsere Körper senden viele Warnsignale aus, aber welche anderen Zeichen gibt es?

Es geht wiederum um das *Lesen von Symbolen.* Der Körper und die Energiesysteme bewegen sich "auf natürliche Weise" in Richtung Gesundheit, nicht nur in die der Gesundheit des stofflichen Körpers, sondern sie suchen auch Gleichgewicht und Harmonie in allen Aspekten des Lebens. Der Genesungsprozess ist wahrlich ein Erinnerungsprozess, die Erinnerung an wer wir sind. In der Aura ist ein Prozess im Gang, der die Energie in jedem Körper wieder ins Gleichgewicht bringt. Wenn alle Energien des Körpers im Gleichgewicht sind, dann ist er gesund. Die Seele hat eine Lektion gelernt: *Kenne die Wahrheit des Alls.*

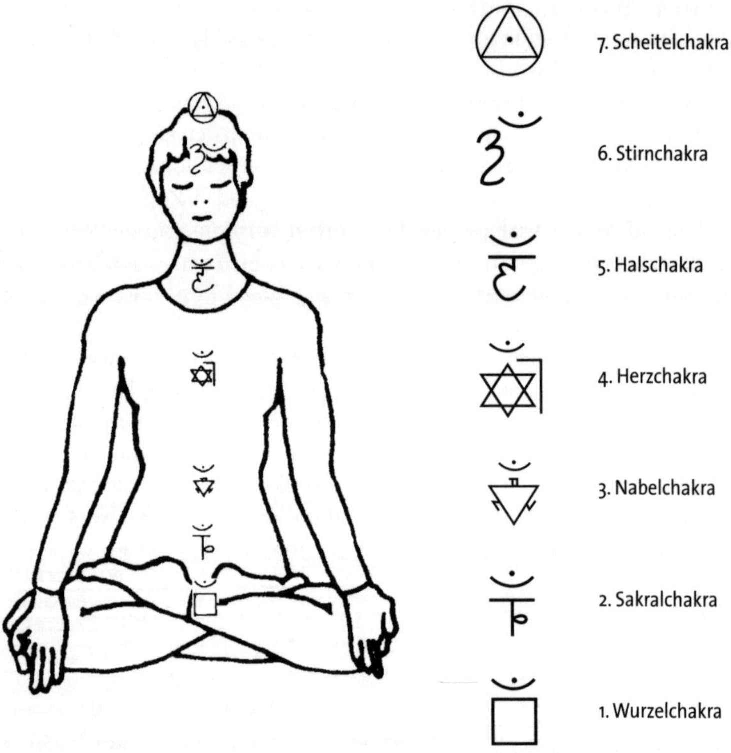

Figur 1 - Die sieben Meister-Chakren

3. Die sieben Meister-Chakren

Wir haben die Chakren schon im Abschnitt über die verborgene Anatomie beschrieben. Den sieben nachstehenden Tabellen gehen die Symbole aller Chakren und ihre Lage im Körper voran (siehe Figur 1). Die Symbole der Chakren in den Tabellen sind eine Zusammenfassung aus der Tantra-Tradition. Außer den sanskritischen Namen jedes Chakras und seine Bedeutung nennen wir einige Aspekte, die dem Chakra seine spezifischen Merkmale verleihen. Wir haben schon gesehen, dass Chakren als Blumen beschrieben werden; darum führen wir für jedes Chakra seine Anzahl Blätter auf, das Element, das ihm entspricht, seine Farbe und seine Musiknote. Beachten Sie, dass zwischen den sieben Tönen und den sieben Chakren ein Zusammenhang besteht. Ferner führen wir auf, welche Weihrauchart und welche Kristalle, nach unseren Erfahrungen mit der Kristalltherapie, mit dem jeweiligen Energiezentrum harmonisch schwingen. In jeder Tabelle nennen wir überdies das Sinnesorgan, die Drüsen, das aktive Organ, die physische Lage und das System, mit dem das Chakra verbunden ist, die Beziehung zum stofflichen Organ und alle Störungen, die mit dem Chakra zusammenhängen. Schließlich finden Sie alle Merkmale dieses Bewusstseinsniveaus mit seinen positiven und negativen Reflexen und eine ausführliche Beschreibung der jeweiligen psychologischen Merkmale.
Die Tabellen fassen eingehende Untersuchungen und Erfahrungen zusammen. *Versuchen Sie nicht, diese in kurzer Zeit zu lernen, denn das Verstehen der Tabellen hängt mit Ihrem Entwicklungniveau zusammen.* Sie werden ein *permanenter Bezugspunkt* bei der Arbeit mit den Großen Arkana sein... und mehr.

Erstes Chakra: Muladhara

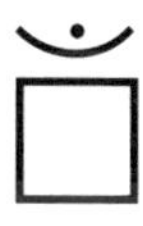

Bedeutung:	Basis, Wurzel
Blätter:	4
Element:	Erde (das dichteste aller Elemente, Erde enthält alles - Wasser, Feuer, Luft - und verkörpert alle Bedingungen, die der Mensch auf allen Ebenen perfektionieren kann).
Farbe:	Rot (Aktivierung), schwarz (Extraktion).
Note:	Do
Weihrauch:	Zeder.
Kristall:	Achat, Sugilith, roter Diaspor, Hämatit, Obsidian, schwarzer Onyx, Rauchquarz, Rubin, schwarzer Turmalin.
Sinnesorgan:	Geruchssinn.

Drüsen: Nebennieren.
Aktives Organ: After.
Lage: Becken, zwischen dem After und den Geschlechtsorganen, an der Basis des Rückgrats.
System: Ausscheidung.
Verbunden mit: Skelett (Beine als Wurzeln: Das rechte Bein bedeutet Unsicherheit gegenüber dem Männlichen und der Willenskraft; das linke Bein gegenüber dem Weiblichen, Emotionen, an jemandem hängen), Lymphdrüsen, große Schamlippen, Prostata, Nieren (wenn sie nicht funktionieren, entsteht Abhängigkeit von jemanden oder von einer Maschine).
Störungen: Magersucht, Fettleibigkeit, Hämorrhoiden, Verstopfung, Ischias, Arthritis, Skoliose (feststellen, wo sich die Verkrümmung befindet, rechts oder links), Erkältung, Gebiss, Zahnfleisch.

Merkmale des Bewusstseins: Wurzeln, Beziehung zur Mutter, Sicherheit, Vertrauen, Überleben, Geld, Haus, Arbeit.
Positive Reflexe: Verwurzelt und stark sein, weil man Arbeit, ein Haus und Geld hat; und weil die Beziehung zur Mutter gelöst ist.
Negative Reflexe: Angst, Unsicherheit, Bedrohung des Überlebens (Entlassung, Zwangsräumung, Mutter mit Besitzansprüchen, wodurch Frauen mit den Merkmalen der Mutter gewählt werden).
Psychologische Merkmale: Lebenslust. Einzelgänger, der die Neigung hat, zu erschaffen und darum in irdischen Dingen stecken bleibt. Weigert sich, die Naturgesetze zu akzeptieren, die den Körper lenken. Neigt zu Verwirrung und Schmerz. Nur wenn er das Gleichgewicht findet, um die Gesetze der stofflichen Natur zu beherrschen, kann er Körper und Geist gebrauchen, um eine höhere Spiritualität zu erreichen. Er hat angespannte Kiefer, da seine Unsicherheit ihn hart und gewalttätig macht. Das erste Chakra ist die Basis jedes Wachstums und die Basis der Kundalini (siehe Kasten *Kundalini*). Gibt Gleichgewicht, um keine Angst und keinen Hunger zu haben.

Zweites Chakra: Svadisthana

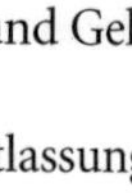

Bedeutung: Weichheit
Blätter: 6
Element: Wasser (die Erde hat sich in Wasser aufgelöst, die Schwerkraft lässt das Wasser wirbelnd nach unten fallen und darum kann der Menschentyp des zweiten Chakras verwirrt und unruhig sein).

Farbe:	Orange.
Note:	Re.
Weihrauch:	Gardenie.
Kristall:	Rubin, roter Diaspor, Rauchquarz, Blutstein, Heliotrop, oranger Topas, Mondstein, Chrysopras, Chrysokoll, Karneol, Rhodochrosit.
Sinnesorgan:	Geschmack.
Drüsen:	Geschlechtsdrüsen.
Aktives Organ:	Geschlechtsorgane.
Lage:	Lenden, Genitalien.
System:	Aufnahme, Fortpflanzung.
Verbunden mit:	Geschlechtsorgane, Fortpflanzungsorgane, Zunge, Bauch, Rücken.

Merkmale des Bewusstseins: Emotionen, Gefühle, Wünsche, Wahrnehmungen, Ernährung, Sex, Hunger.

Positive Reflexe: Beherrschung der Emotionen; die Möglichkeit, Kinder zu bekommen; Liebe zur Musik, gute Beziehung zur Sexualität und Sensualität.

Negative Reflexe: Impotenz, Frigidität, Probleme mit den Nieren, der Blase, der Gebärmutter, dem Unterbauch; Menschen, die nicht schwimmen können.

Psychologische Merkmale: Die Person des zweiten Chakras denkt, ein galanter Held zu sein. Anstatt allein und misstrauisch zu bleiben, öffnet er sich der Familie und Freunden, um körperlichen Kontakt mit ihnen aufzunehmen. Nach der Befriedigung des Hungers und irdischer Bedürfnisse beginnt er die Fantasie zu befreien. Der Wunsch, sich fortzupflanzen und kreativer zu werden, nimmt zu. Das Bedürfnis an Nahrung, Schlaf und Sex wird aufeinander abgestimmt. Aber Neid und Eifersucht, die dem Wunsch entspringen, die idealisierten Qualitäten zu besitzen, führen zu Unruhe. Die Befriedigung, die sich aus der Erfüllung seiner Fantasien ergibt, bringt ihn dazu, sich aus dem zweiten Chakra heraus zu entwickeln.

Drittes Chakra: Manipura (Persönlichkeit)

Bedeutung:	Juwel.
Blätter:	10.
Element:	Feuer (das Element Feuer hilft bei der Verdauung und der Aufnahme von Nahrung und verteilt die nötige Energie über den ganzen Körper. Das Feuer hat die Neigung, zu steigen, das dritte Chakra ebenfalls. Wenn es richtig abgestimmt ist, bewegt es sich in diese Richtung).
Farbe:	Gelb.

Note: Mi.
Weihrauch: Calendula, gelbe Nelke.
Kristall: Bernstein, Citrin, Tigerauge, gelber Topas, Rutilquarz.
Sinnesorgan: Das Sehen.
Drüsen: Pankreas.
Aktives Organ: Muskeln, Haut.
Lage: Sonnengeflecht, auf der Hälfte des Körpers, in der Nähe des Magens.
System: Verdauung.
Verbunden mit: Verdauung (mit der Energie über den ganzen Körper verteilt wird), Sehvermögen, Magen, Leber und alle Organe, die Wut steuern, indem sie zurückhalten oder umsetzen.
Störungen: Magengeschwür, Diabetes, Kurzsichtigkeit (Beachtung und Konzentration auf das Innerste, da die Welt als bedrohlich erfahren wird, hieran ist auch das fünfte Chakra beteiligt); Weitsichtigkeit (von innen nach außen, wodurch Distanz gegenüber dem Außenstehenden entsteht, Zorn, Schuldgefühle und Verwirrung geschaffen werden, auch die anderen Chakren sind daran beteiligt, um zu sehen, was gestört ist), Abstoßung der Netzhaut (Gefühl der Trennung von jemandem, hieran ist auch das erste Chakra beteiligt), Schielen.

Merkmale des Bewusstseins: Mental, Freiheit, Macht, Kraft, Kontrolle.

Positive Reflexe: Gute Selbstverwirklichung, gute Beherrschung von Macht, Freiheit, Befreiung von Gemeinplätzen.

Negative Reflexe: Von anderen geheilt werden, unterdrückte Wut, Abstand halten von Menschen, Angst vor Sanftmut.

Psychologische Merkmale: Die Person des dritten Chakras sehnt sich nach Macht und Ehre, auch auf Kosten der Familie und Freunde. Sie kontrolliert andere mit Hilfe von Zorn. Wenn es gut abgestimmt ist, setzt es das Fließende des zweiten Chakras in die Praxis um: Fantasien werden konkret und das Individuum entwickelt organisatorische und führende Qualitäten. Dadurch ist es auch möglich, die Sprache zu beherrschen, die eigenen Ideen zu äußern und ausgeglichene und dauerhafte Beziehungen aufzubauen. Dies ist auch die Basis der grauen und unkontrollierten Emotionen. Plötzliches Erschrecken führt zu einer Kontraktion in der Höhe dieses Chakras. Der Pfad der Barmherzigkeit eröffnet uns die Möglichkeit, die Taten zu klären, die aus freiem Willen hervorgehen: Dieses Bewusstsein öffnet die Türen des himmlischen Niveaus der Erleuchtung, was eine Veränderung des Karma bedeutet (siehe Kasten *Karma*). Das Sonnengeflecht verwaltet das energetische Gleichgewicht des Körpers, wie in den martialischen Künsten, die die Energie in diesem Chakra kanalisieren und ihre physische Kraft eklatant steigern.

Viertes Chakra: Anahata

Bedeutung:	Nicht getroffen.
Blätter:	12.
Element:	Luft (form-, geruch- und geschmacklos, repräsentiert die Luft, die wir einatmen. Luft ist Prana, Lebensatem).
Farbe:	Grün (Liebe zu anderen); rosa (Liebe in Bewegung).
Note:	Fa.
Weihrauch:	Jasmin, Lavendel.
Kristall:	Rosa Quarz, Jade, grüner Achat, Aventurin, Smaragd, rosa/grüner Turmalin, Rhodochrosit, rosa Kunzit, grüner Malachit, Chrysopras, Herkimer Diamant, Pyrit.
Sinnesorgan:	Tastsinn.
Drüsen:	Thymusdrüse
Aktives Organ:	Atmung. Wie das Chakra uns mit der Luft in Verbindung bringt, so bringt es uns mit dem Herzen in Verbindung (Liebe wirkt wie die Atmung: Lieben = ausatmen; geliebt werden = einatmen).
Lage:	Herz.
System:	Immunsystem.
Verbunden mit:	Kontrolle des Blutdrucks und des Kreislaufs (Kreislauf der Liebe, des Herzschlags, der Lungenfunktionen).
Störung:	Aids (Mangel an Liebe, Trennung von geliebten Personen: In dem Sinne eines Lebensstils, der uns von unseren Lieben trennt), Brusttumor, Tuberkulose, Asthma, Lungen-, Herz- und Blutkrankheiten, Infarkt.

Merkmale des Bewusstseins: Beziehungen haben, Familie, Nachbarn, Kinder, geben, Liebe spüren.

Positive Reflexe: Dies ist das Chakra, in dem Energie umgewandelt wird, hier wird irdische Energie subtiler und kosmische Energie schwerer, als wäre es eine alchimistische Umwandlung. Darum ist das Herzchakra das Chakra das heilt.

Negative Reflexe: Das Herz schließen (Infarkt), Mühe, um Liebe zuzulassen (Asthma), Trennung von geliebten Personen, Mangel an Liebe (Aids).

Psychologische Merkmale: Die Person erwirbt Selbstbeherrschung, Weisheit, innere Kraft, Spontaneität, Herzlichkeit. Kosmische Liebe. Das vierte Chakra schlägt ein Brücke zwischen den drei niederen (materiellen) Chakren und den drei hohen (spirituellen) Chakren; hier kommt männliche und weibliche Energie ins Gleichgewicht *(conjunctio oppositorum).* Dieses Chakra enthält alle unterdrückten emotionalen und affektiven Traumata. Freude und Kummer werden vor allem hier gespürt. Eine schmerzende Brust bedeutet Beschwerden und

Schmerz, ein freier Brustkorb bedeutet Freude. Von diesem Chakra empfängt man Impulse von allen Dingen, die mit dem höheren Niveau der Zuneigung zusammenhängen und jede menschliche Beziehung wird dort in seiner ganzen Reinheit erlebt. Dieser historische Moment kennzeichnet sich durch den Übertritt vom dritten zum vierten Chakra.

Fünftes Chakra: Vishudda (erster magischer Raum)

Bedeutung:	Reinigung.
Blätter:	16.
Element:	Äther, Akasha (siehe Kasten *Akasha*).
Farbe:	Blau.
Note:	So.
Weihrauch:	Patchuli, Benzoe.
Kristall:	Blauer Achat, Amazonit, Aquamarin, Chalcedon, Celestit, Chrysokoll, Perle, blauer Topas, blauer Turmalin, Türkis, Sodalith.
Sinnesorgan:	Gehör.
Drüsen:	Schilddrüse.
Aktives Organ:	Mund (Stimmbänder).
Lage:	Hals, Kehle.
System:	Stoffwechsel.
Verbunden mit:	Kontrolliert die Atmung, die Stimme, die Bewegung der Zunge. Durch die Schilddrüse und Nebenschilddrüse wird Kalk zu den Knochen befördert; Weitsichtigkeit, Kurzsichtigkeit (siehe drittes Chakra), Arme, Schultern, Hände.
Störungen:	Probleme mit Erkältungen, der Schilddrüse, dem Gehör; steifer Nacken, Schultern, Arme (wenn der Arm schmerzt oder gebrochen ist, verhindert er, dass wir unser Ziel erreichen. Auf diese Weise haben wir einen Grund, nicht zu erreichen, was uns glücklich macht). Hände (behalten; links: Verhindern, zu bekommen, was uns glücklich macht; rechts: Verhindern, zu bekommen, was wir wollen); übermäßig schwitzen: Sich unbehaglich fühlen, wenn man jemandem die Hand gibt; Schwitzen ist mit dem Basis-Chakra, dem ersten, verbunden.

s. Seite 53.

Akasha

Die *Erde* (erstes Chakra) löst sich in *Wasser* auf und bleibt im zweiten Chakra als *Geruchssinn* zurück. Das Wasser verdunstet im dritten, brennenden Chakra und bleibt als die Essenz des *Geschmacks* zurück. Die Form des *Feuers* tritt in das vierte Chakra ein und wird die Essenz der *Form* und des *Sehvermögens.* Die *Luft* des vierten Chakras wird *Akasha* und verwandelt sich in reinen *Klang. Akasha* ist die *Quintessenz der vier Elemente* und ist farb- und geschmacklos, nicht greifbar und formlos, frei von jedem alltäglichen Element. Der Begriff *Äther* kommt als Übersetzung dem Begriff Akasha am nächsten (im Sanskrit: "Leer"). Wir wissen sehr wenig über die Akasha und ihren therapeutischen Wert. Wir möchten gerne mitteilen, was Mahatma Gandhi, Thorwald Dethlefsen und Brune über den Begriff *Akasha* geschrieben haben.

"Akasha ist der leere Raum, der die Erde und die Atmosphäre umhüllt. Wenn wir an einem klaren Tag nach oben schauen, sehen wir ein blaues Gewölbe, das wir als Akasha oder Himmel kennen. Der Himmel oder der Äther ist unendlich. Jeder Teil von uns ist von ihm umhüllt und es gibt keine einzige Stelle, an der das nicht der Fall ist. Im Allgemeinen stellen wir uns vor, dass der Himmel über uns stillsteht, aber der Himmel ist über und unter uns und um uns herum: Wir kreisen in ihm, zusammen mit der Erde. Darum ist Akasha rund und wir befinden uns alle in ihr, es ist eine unendliche Umhüllung. Die tiefsten Schichten, einige Meilen dick, sind voller Luft, so dass die Menschen atmen können. Wir können die Luft nicht sehen, aber wir können sie spüren, wenn sie in Bewegung ist. Im Himmel und im Äther befindet sich die Atmosphäre. Akasha ist die Leere, die nicht weggenommen werden kann. Wir können diese Akasha gebrauchen, um unsere Gesundheit zu wahren oder wiederherzustellen. Luft ist die essenziellste Substanz für das Leben und die Natur hat sie allgegenwärtig gemacht. Aber die Allgegenwart der Luft ist nur relativ: In Wirklichkeit ist sie nicht unendlich. Wissenschaftler sagen, dass einige Meilen über der Erde keine Luft mehr ist und dass irdische Wesen nicht außerhalb dieser Atmosphäre leben können. Diese Behauptung kann wahr oder unwahr sein. Die Akasha erstreckt sich außerhalb der Atmosphäre und eines Tages können Wissenschaftler beweisen, dass dasjenige, was wir Äther nennen, etwas ist, das auch leere Räume füllt. Darum müssen wir einen neuen Namen für den leeren Raum finden, der weder Luft noch Äther enthält. Wenn wir die Akasha aus der Perspektive der Gesundheit betrachten, dann müssen wir uns nicht vom Himmel trennen - vom Unendlichen - das ganz in der Nähe und weit weg

ist. Wir müssen mit dem Himmel in Kontakt stehen, ohne Hindernisse wie Dächer und Kleidung. So werden wir uns bester Gesundheit erfreuen. Das ist nicht jedem möglich, aber jeder kann versuchen, das eigene Leben in dem Sinne zu verändern und so die größte Freude, die möglich ist, erreichen. Wenn wir diesen Gedanken bis ins Extreme durchführen, dann wird auch der Körper ein Hindernis, das den Menschen vom Unendlichen trennt. Um diese Wahrheit zu begreifen, müssen wir dem Zerfall des Körpers gegenüber gleichgültig werden, uns im Unendlichen verlieren, um uns selbst zurückzufinden. Der Körper ist dann nicht nur ein Fahrzeug für das Vergnügen, sondern der Mensch wird seinen Körper gebrauchen, um die Einheit mit dem Unendlichen zu erreichen und er wird merken, dass er ein Teil einer Einheit ist mit all dem Leben, das ihn umringt. Dies sollte bedeuten, dass er der Menschheit einen Dienst erweist; so muss man Gott finden. In der Praxis sollte der Mensch die Umgebung, in der er lebt, so offen wie möglich halten, er sollte sein Haus nicht mit nutzlosen Möbeln füllen und so wenig Kleidung wie möglich tragen. Viele Häuser stehen voller Gegenstände, die man ebenso gut entbehren kann. Jemand, der ein einfaches Leben führt, würde in einer solchen Umgebung ersticken, die nur aus Staubfängern besteht, die Bakterien und Insekten anlocken. Der Kontakt mit der Akasha macht Schluss mit der Besitzgier und verbessert die Gesundheit von Körper und Geist: Wer mit dem Unendlichen in Kontakt steht, besitzt nichts und zugleich alles.
Lasst uns hinabsteigen von der Akasha über uns zur Akasha in uns und in unserer Nähe: Die Haut hat Millionen von Poren. Wenn wir den leeren Raum der Poren füllen würden, würden wir sterben. Jede Obstruktion der Poren beeinflusst das Strömen der Gesundheit. Es ist genauso wichtig, den Magen nicht mit überflüssiger Nahrung zu überladen: Wir müssen essen, was wir nötig haben und nicht mehr".[1]

"Die so genannte Akasha-Chronik ist mit einer Datenbank vergleichbar, in der alle Ereignisse der Vergangenheit, des Jetzt und der Zukunft, unabhängig von der Zeit, gespeichert sind. Menschen, die in der Lage sind oder die Fähigkeit entwickeln, der Akasha-Chronik Information zu entnehmen, können die Inkarnationen anderer sehen. Es ist schwierig oder unmöglich, ihre Behauptungen zu bestätigen und darum ist es nicht nötig, blind daran zu glauben, was sie sagen. Der Nutzen dieser Kenntnis über diese Inkarnationen - mit Hilfe von Hellsehen gesehen - ist für den Zuhörer ziemlich klein. Diese Information ist nicht in der Lage, die Tür zur Vergangenheit zu öffnen und darum spürt man einen Mangel an Identifikation. Auf jeden

Fall müssen wir uns vor Augen halten, dass Neugier allein niemals das Motiv sein darf, um die eigenen Inkarnationen kennen zu lernen. Neugier ist die Krankheit unserer Zeit, ein Symptom der Unreife und zugleich die sicherste Methode, um die echte Initiation zu blockieren".[2]

"Die Akasha ist die Erinnerung an das Weltall: Ein riesiger Filmstreifen, der die Frucht der Natur und dazu fähig ist, die Erinnerung an die Vergangenheit zu zeigen, in bestimmten Situationen... um die Annalen der Akasha zu lesen, muss man Zustimmung von den spirituellen Wesen bekommen, die sie bewachen und die sich vorher von der Reinheit der Absichten der "Reisenden" und ihrer Aufnahmefähigkeit überzeugen müssen".[3]

(Fünftes Chakra)

Merkmale des Bewusstseins: Man äußert Gefühle, empfangen, Überfluss, das Empfangen des Überflusses des Alls, *Nichtstun um zu haben,* auf die Intuition hören. Man versucht Ziele zu erreichen, wenn sie in Wechselwirkung zu anderen Personen stehen, muss man Übereinstimmung finden, Zustand der Gnade.
Positive Reflexe: Das ist die erste Dimension, in der Energie dünner wird und sich der Möglichkeit öffnet, Wunder zu empfangen, aber man muss bedingungslos akzeptieren können, fragen ohne Verbundenheit. Dinge werden gedacht und kommen auf magische Art und Weise zu uns. Die rechte Hand gibt, die linke Hand empfängt. Kreativität handeln lassen.
Negative Reflexe: Sich dem Wunder, dem Überfluss verschließen.
Psychologische Merkmale: Der Mensch, der vom fünften Chakra beeinflusst wird, versteht nonverbale Botschaften, da seine Energie verfeinert ist. Er hat eine Stimme, die in das Herz des Zuhörers dringt. Er beherrscht jede Form der Kommunikation, Kreativität und persönlichen Ausdrucks. Dies ist das am härtesten bekämpfte Zentrum, da man dank ihm sich äußern und begreifen kann oder introvertiert, fanatisch und deprimiert werden kann. Das fünfte Chakra ist das Zentrum der Träume. Die Person ist auf der Suche nach echter Kenntnis, die die Grenzen der Zeit, kulturelle und erbliche Umstände überschreitet. Das Karma wird von den aktiven Organen erschaffen: Den Händen, den Füßen, dem Mund, den Geschlechtsorganen, dem After. Die höhere Argumentation siegt über die Elemente und Emotionen des Herzen. Mehr als alle anderen wird dieses Chakra vom Einsatz der *Mantras* stimuliert. Das wichtigste Problem der Person des fünften Chakras ist der negative Intellekt, der aktiv ist, wenn Ideen unvernünftig gebraucht werden.

Sechstes Chakra: Ajna (der Geist)

Bedeutung: Kennen, Wahrnehmen, Führen

Blätter: 2 (96)

Element: Innerer Klang.

Farbe: Indigo-violett.

Note: La.

Weihrauch: Akazie, Anis, Safran.

Kristall: Azurit, Amethyst, Diamant, Jade, violetter Kunzit, Türkis, Rubin, Mondstein, Aquamarin, blauer Calcit, Labradorit, Sodalith, Saphir, Sugilith.

Sinnesorgan: Außersinnliche Wahrnehmungen.

Drüsen: Hypophyse.

Lage: Das "dritte Auge", das sich zwischen den Augenbrauen hinter der Stirn befindet.

Verbunden mit: Regelt das Nervensystem, die Entwicklung von Empfindsamkeit, reguliert die Hypophyse und alle endokrinen Drüsen.

Störungen: Kopfschmerzen, Blindheit, unscharf sehen, Alpträume.

Merkmale des Bewusstseins: Spirituelles Sehen und Bewusstsein, individualisiertes Bewusstsein, Gedanke, Traum; Konzentration auf die Dinge, die wir wollen. Glaube: Alles wovon Sie glauben, dass es wahr ist, wird Wahrheit werden. Wir ziehen bestimmte Erfahrungen an als Folge unserer Ängste etc. Die gesamte Schöpfung zur Heilung befindet sich in diesem Chakra. Es kann das Unbewusste bewusst machen. Der Traum als spirituelle Sehkraft: Wir träumen mit geschlossenen Augen, aber zum sehen gebrauchen wir das dritte Auge.

Positive Reflexe: Hier werden Handlungen entschieden, spirituelles Sehen, Hellsehen.

Negative Reflexe: Klang, den wir in unseren Ohren hören, wir erkennen unsere subtilsten angeborenen Gaben nicht.

Psychologische Merkmale: Die Person begreift, dass sie ein unsterblicher Geist in einem zeitlichen Körper ist. Die Konzentration auf das sechste Chakra schaltet das Karma der vorhergehenden Leben vollständig aus, es besteht keine Gefahr für Rückfälle. *Das dritte Auge ist das Bewusstsein.* Die zwei stofflichen Augen sehen die Vergangenheit und das Jetzt, das dritte Auge erfasst gefühlsmäßig, intuitiv die Zukunft. Das ist das Zentrum der meisten paranormalen Erscheinungen, wie Telepathie, Hellsehen etc. Eine Tür zu überempfänglichen und spirituellen Wirklichkeiten. Ein Verbindungspunkt zwischen den psychischen Sinnesorganen und den Sinnesorganen, die in der Spiritualität aktiv sind. Der Geist erreicht das kosmische Bewusstsein und jede Form der Dualität verschwindet. Viele Meditationstechniken schlagen vor, die Augen zu schließen und die Aufmerksamkeit auf einen Punkt zwischen den Augenbrauen zu richten, um diesen Punkt zu stimulieren (siehe Kapitel 9).

Siebtes Chakra: Sahasrara (die Seele)

Bedeutung:	Tausend Blumenblätter
Blätter:	1000
Element:	Inneres Licht (Licht und Finsternis kommen beieinander und zeigen die Farben, die ein Teil des ganzen Lebens sind).
Farbe:	Durchsichtig weiß, violett, golden.
Note:	Ti.
Weihrauch:	Lotus.
Kristall:	Amethyst, Diamant, grüner Topas.
Sinnesorgan:	Bewusstsein.
Drüsen:	Epiphyse
Aktives Organ:	Gehirn.
Lage:	Gehirn, Scheitel.
System:	Nervensystem.
Verbunden mit:	Alle physischen, mentalen und spirituellen Aktivitäten.
Störungen:	Entfremdung, Verwirrung, Apathie, lernbehindert, Epilepsie, Legasthenie, Down-Syndrom, multiple Sklerose, Gehirntumor.

Merkmale des Bewusstseins: Vater, Gott, Unterbewusstsein, Haus des Geistes, Empathie (erfahren, ein anderer zu sein und Erfahrungen zu teilen, zwei Arten des Bewusstseins in einem), universelles Bewusstsein, Quelle von Richtung und Intuition. Die Beziehung zum Vater wird zum Modell. Energie, die vor Intelligenz strahlt: *Weißes Licht.* Wenn man sich vom Vater nicht geliebt fühlt, schließt sich das Chakra und wir verstecken uns vor Gott und erkennen uns selbst nicht mehr als Wesen aus Licht.

Positive Reflexe: Es öffnet uns auf weitester Ebene, dort wo sich das weiße Licht befindet.

Negative Reflexe: Trennung vom Vater: Er verschließt sich. Er ist noch immer offen, aber wenn er dazu neigt, sich zu verschließen, entstehen Tumore.

Psychologische Merkmale: Wenn die Kraft der Kundalini (siehe Kasten *Kundalini*) diese Stelle erreicht, ist hier die Rede von einer echten Verwirklichung der kosmischen Liebe. Aber der Mensch ist noch zu stark in der Materie verankert, um sich zu verwirklichen und diese Ebene zu erreichen. Nur Wenigen ist dies gelungen, nur den "Erleuchteten", wie der heilige Franz, die echte Führer geworden sind. Aureole, Krone (Fontanelle), wir sind am Ende des Weges angekommen. Dies ist der Bereich des inneren Bewusstseins, fast das stoffliche Zentrum des

Bewusstseins. Materie und Geist werden eins. Wie das erste Chakra die irdischen Energien kanalisiert, so werden im siebten Chakra die Energien des Weltalls aufgefangen. Wenn alle Bewusstseinsschichten miteinander im Gleichgewicht sind, fließt die Energie frei von dem einen Ende zum anderen und sie bringt alle Organe in Bewegung. Alles was wir lernen, kommt in uns hinein. Wir sind bewusst geworden und in unserem neuen Bewusstsein empfangen wir nicht mehr, sondern wir geben. Wir geben und verbreiten Liebe. Wir fragen nicht mehr um Liebe, denn wir *sind* Liebe.

Kurzübersicht der Chakren

	Merkmale	Physische Verweise	Systeme	Sinnesorgane
7.	Beziehung zum Vater, Autorität, Gott. Universelles Bewusstsein. Richtung im Leben	Epiphyse, lenkt alle physischen, mentalen und spirituellen Aktivitäten. Down-Syndroom, multiple Sklerose	Nervensystem	Breites Bewusstsein
6.	Hier wird über Handeln, Denken, Träumen, Hellsehen und geistiges Bewusstsein entschieden	Hypophyse, Gesicht, Alpträume, Nervensystem	Endokrines System	Außersinnliche Wahrnehmungen
5.	Ausdruck, Intuition akzeptieren, Überfluss	Schilddrüse, Nebenschilddrüse, Stimme, Bewegung der Zunge, Schultern, Arme, Hände, Mund	Stoffwechsel	Gehör
4.	Erfüllung von Liebe, Beziehungen haben	Thymusdrüse, Herz, Blutdruck, Lungen, Bronchien	Immunsystem	Tastsinn
3.	Freiheit, Macht, Kontrolle, Intellekt, mental	Pankreas, Gesicht, Muskeln, Haut, Verdauung, Magen	Verdauung	Sehvermögen
2.	Sexualität, Sensualität, Emotionen, Hunger, Liebe zur Musik	Geschlechtsdrüsen und -organe, Zunge, Bauch, Rücken, Blase, Nieren	Aufnahme und Fortpflanzung	Geschmack
1.	Beziehung zur Mutter, Überleben, Haus, Geld, Beruf, Sicherheit	Nebennieren, Skelett, Beine, Lymphdrüsen, Prostata, Gebiss, Nase (Erkältung), Eingeweide	Ausscheidung	Geruch

4. Die spirituelle Heilung

Der Heilungsprozess

Wenn wir vergessen, wer wir sind, können wir nicht mehr für Krankheit verantwortlich sein und wir nähren die bestehende Form der Medizin: Eine Medizin, die zwanghaft Symptome bekämpft und dadurch der Krankheit ihre Funktion, die Veränderung des menschlichen Wesens, entnimmt.
Krankheit enthält symbolische Information über dasjenige, was wir verändern müssen, um gesund zu werden.[1]
Wenn Krankheit ihre Funktion verliert, wird sie ein Feind, der mit allen möglichen Mitteln bekämpft werden muss und oft wird der Teufel mit Beelzebub bekämpft. Bevor wir über Heilung sprechen, wollen wir unsere Auffassung von Krankheit noch einmal wiederholen. Der allgemeinen Auffassung zufolge wird Krankheit nur als *physische Krankheit* definiert. Aber eigentlich müssen auch andere Umstände als Krankheit betrachtet werden, zum Beispiel chronischer Geldmangel, eine Räumungsklage, eine Stelle, die einem nicht gefällt oder Arbeitslosigkeit, ein unbefriedigendes Geschlechtsleben, zu viel Kontrolle über uns selbst oder andere, der Mangel an Freiheit, zu viel Macht ausüben oder erfahren, keinen Partner haben, Schwierigkeiten in den Beziehungen zu anderen, Unfähigkeit, sich gut auszudrücken, Mangel an Selbstvertrauen. Wie wir schon im Kapitel über die verborgene Anatomie sahen, entwickelt sich eine Krankheit nicht unmittelbar im stofflichen Körper, sondern erst in den subtilen Körpern und sie ist das Resultat einiger negativer Faktoren, wie Schock, Ängste, karmische Effekte, die *noch* nichts mit der physischen Krankheit zu tun haben. Die Krankheit hat vom Zeitpunkt des negativen Erlebnisses mindestens drei Jahre nötig, bevor sie sich im Körper manifestiert. Wir verstehen also, dass eine Behandlung, die auf Kenntnis basiert und uns von den negativen Ereignissen heilt, die in uns (außerhalb von uns) vorhanden sind, um zu verhindern, dass sie *physisch werden*, völlig anders ist als eine Behandlung, innerhalb der wir das Abbröckeln unseres Daseins erfahren, die unweigerlich zum Ausbruch der Krankheit führt. Zwischen diesen zwei Wegen liegen Welten.

- Der *spirituelle Weg* wirkt präventiv in dem Sinne, dass wir das negative Ereignis nicht passiv erleiden, sondern es gebrauchen um die Lehre zu ziehen, die unsere Entwicklung unterstützt. Darum ist es nicht nötig, dass sich die Krankheit manifestiert. Wenn das negative Ereignis die *Krankheit selbst* ist, dann ist es nur allzu deutlich, wie wichtig es ist, ihr *symbolisch* die Stirn zu bieten und nicht allein auf die Symptome zu reagieren. Es sollte deutlich sein, dass wir für eine Blutung, eine akute Blinddarmentzündung und Zahnschmerzen - extreme Äußerungen des Symptoms - zum Arzt müssen. Es liegt an uns... nicht gezwungen zu werden, die erste Hilfe zu konsultieren. Wenn wir es doch erleben, sollten wir es als eine nützliche Übung für unsere Kenntnis und Erweiterung unseres Bewusstseins betrachten.

- Der *übliche Weg* lässt uns die Krankheit als etwas begreifen, was von uns getrennt ist, getrennt von unserer Wirklichkeit, unserer Arbeit, unseren emotionalen Beziehungen und nicht erkannt wird. Darum vertrauen wir die Aufteilung unserer anatomischen Einzelteile Menschen an, die uns nicht kennen, die nicht wissen, wer wir sind und wie wir leben. Hier beginnt der Kampf gegen das Symptom. Die Ursache, die nicht beseitigt und nicht erkannt wird, wird irgendwo anders auftauchen.

Dies alles zeigt, dass nicht die Medizin verändert werden sollte, sondern der Patient. Die *Veränderung* ist die einzige Tür, die Zutritt zur Heilung gewährt, da die Veränderung von Situationen, die schlecht für uns sind, die einzige Methode ist, um die Energie wieder in uns fließen zu lassen. Aber wie können wir uns verändern, wie können wir der Angst, das Bekannte zu verlieren, ein Ende bereiten, auch wenn es schlecht für uns ist? Eine befreundete Apothekerin half uns während eines Kurses, dieses Problem zu verstehen. Sie erzählte, dass auf einer Schachtel Rattengift, die sie verkaufte, eine Maus abgebildet war, die sagte: "Ich sterbe daran, aber es gefällt mir!". Es ist schwer zu begreifen, dass alles, was wir sind, ausschließlich von uns selbst abhängt, wenn das, was wir sind, negativ ist. Wenn wir zu akzeptieren beginnen, dass alles, was wir sind, unter unsere eigene Verantwortung fällt, dann akzeptieren wir auch unsere Fähigkeit, uns zu verändern und gesund zu werden.
Dieser Prozess ist die Basis der spirituellen Heilung. Allein indem wir die Verantwortung für uns selbst auf uns nehmen, können wir uns selbst betrachten und das Symptom symbolisch deuten. Hierfür haben wir neue Zeichen nötig, die uns unsere Ängste vergessen lassen und durch dass wir uns einer neuen Dimension öffnen können. Unser Leben wird sich verändern und wir werden merken, dass es uns möglich ist, eine neue Spiritualität zu empfangen, wenn wir uns dem göttlichen Willen anvertrauen, dem einzigen echten Pfad zur Heilung. Heilung geht immer mit einem Bewusstwerdungsprozess einher. Wie können wir diese subtilere Dimension erreichen, die uns dabei hilft, den Überbau abzureißen? Wir wissen, dass im ätherischen Teil, dem tiefsten Teil unseres Bewusstseins, die Heilung unmittelbar stattfindet, während es im stofflichen Körper drei Tage bis zu zwei Wochen dauert, um gesund zu werden. Um in diese Welt einzutreten, in der

sich Energien in eine sehr präzise und logische Richtung bewegen, ist es wichtig, *zu verweilen und das Zuhören zu lernen.* Für den Menschen des Westens ist dies eine ziemlich schwere Aufgabe. Wir stellen hier zwei "Instrumente" vor:

- Das *Symbol* - die Fähigkeit, Symbole zu lesen, ist das Ziel dieses Buches;
- die *Meditation* - die wir mit den Symbolen der Tarotkarten einführen.

So kommen wir mit den archetypischen Bildern in Kontakt, die uns wieder lehren, wie wir die subtilen Zeichen deuten können, die aus einer anderen Dimension kommen. Am Anfang dieses Prozesses geschieht anscheinend nichts. Wir müssen eine *Tat des Glaubens* voraussetzen. Glaube ist schlichtweg ein empfängliches Vertrauen in die Reichtümer des Kosmos. Wenn dieses Vertrauen nicht besteht, akzeptiert die Person die Idee einer solchen Heilung nicht. Der göttliche Wille ist im Grunde immer bereit, zu heilen, aber er kann den *freien Willen,* den er dem Menschen verliehen hat, nicht zwingen oder widersprechen. Damit das *Wunder der Heilung* sich vollziehen kann, kommen diese zwei Willenskräfte beieinander: *Der göttliche und der menschliche Wille.* Der Wille des Heilers, des Arztes, unserer Gebete, sie müssen alle an der spirituellen Heilung beitragen, die sich an jener Seite der Materie vollzieht. Nur so kann sich die unsichtbare göttliche Kraft tastbar in der materiellen Welt manifestieren.
Unser chaotisches Leben, das uns die Möglichkeit entnommen hat, die symbolischen Bilder, die wir alle empfangen, zu erkennen und zu deuten, wird seine negative Rolle verlieren, wenn wir den spirituellen Pfad betreten haben. Wenn wir uns umdrehen, um uns umzusehen, entdecken wir, dass wir uns selbst in dem elenden Wesen, das wir waren, nicht mehr erkennen: Es ist die Geburt eines *neuen Menschen.*

Das Symbol

"Jede irdische Erscheinung ist ein Symbol und jedes Symbol ist eine offene Tür, durch die die Seele, wenn sie dazu bereit ist, in das Herz der Welt eintreten kann, wo das Du und das Ich, der Tag und die Nacht, eins sind. Dort liegt das Vaterland, dorthin müssen wir zurückkehren".

(H. Hesse)

Symbol, griechisch συνβαλλω: Vereinen.
Teufel, griechisch διαβαλλω: Trennen.
Aus der Emporhebung der Materie kann man das Symbol ablesen. Der Symbolismus ist eine exakte Wissenschaft, die sich mit dem Öffnen der Tür der Bedeutung für die Menschheit beschäftigt (das Symbol wirken lassen). Es ist die Verbindung, die Kommunikation zwischen Wirklichkeit und Schein. Wenn eine

Energie oder ein Wesen mit Materie in Kontakt tritt, entsteht ein Symbol, das heißt ein "Kleidungsstück", das die Wirklichkeit verbirgt, da das Wissen der Menschen noch nicht fähig ist, in die Wirklichkeit einzutreten. Je höher die Energie ist, desto abstrakter ist die Form des Symbols.

Bei Jung[2] hat das Symbol eine enthüllende Bedeutung für dasjenige, was noch nicht begreiflich ist, es ist gleichsam ein Vermittler zwischen dem Bewusstsein und dem Unbewussten, zwischen dem Verborgenen und dem Eindeutigen, zwischen dem kollektiven und dem individuellen Bewusstsein, in dem Sinne, dass es das Letze mit dem Ersten in Kontakt bringt. Jung sieht das Symbol als Transformator von Energie: Es hat einen therapeutischen Charakter, der zur Wiederherstellung der Totalität und der Gesundheit beiträgt. Aus dieser Perspektive ist das Symbol ein Gefährte im Prozess der Individualisierung, der angeborene Prozess im Menschen, der nach der Erweiterung des Bewusstseins und dem Reifen der Persönlichkeit strebt.

Laut Jung begleitet eine Reihe von Symbolen diesen Prozess und er deutet die verschiedenen Phasen an: Die Einsicht ins Leben, die dazu neigt, sich im Symbol zu verwirklichen. Laut Jung entstammen echte Symbole dem kollektiven Unbewussten, dem Leben des Alls und nicht dem Leben des Individuums. Das Individuum hat sie nie gekannt, darum kann man sie nicht ausdrücken. Es sind Begriffe, die nur über Symbole Anschluss zum Bewusstsein finden, auch wenn sie dazu die materielle Darstellung der externen phänomenologischen Welt annehmen.[3]

Wir finden in einigen archetypischen Bildern hervorragende Beispiele des symbolischen Prozesses: Die meisten Symbole sind traditionell, trotz ihres oft obskuren Ursprungs. Ein sehr gutes asiatisches Beispiel ist das Tantra-System der Chakren und das mystische Nervensystem des chinesischen Yoga. Man sollte annehmen, dass sich auch die Bilder des Tarot von den Archetypen der Verwandlung herleiten.

Der symbolische Prozess ist eine Erfahrung im Bild und vom Bild; in seiner Entwicklung enthüllt er meist eine zyklische Struktur, wie der Text des *I Ging* und zeigt also einen positiven und negativen Rhythmus von Verlust und Gewinn, von Licht und Dunkelheit. Der Anfang kennzeichnet sich fast immer durch eine Sackgasse oder eine vergleichbare, unmögliche Situation. Im Allgemeinen ist das Ziel eine Erleuchtung zu einem höheren Bewusstsein, wodurch die Ausgangssituation auf einer höheren Ebene besiegt wird. In Zeit gemessen kann dieser Prozess sich in verdichteter Form in der Dauer eines einzigen Traums vollziehen oder während eines kurzen Moments einer Erfahrung, aber es kann auch Monate oder Jahre dauern, je nach Anfangssituation des Individuums und des Ziels, das erreicht werden soll.

Hier haben die Tarotkarten, deren Symbolik auf universelle Weise von Bildern repräsentiert wird, die auf Personen, Orte, Zahlen und Religionen hindeuten, eine wichtige Rolle als Stimulanz der Fähigkeit, Symbole zu erkennen, da sie selbst Symbole sind: *Ausdruck maximaler Energie in minimaler Form.*

Meditation

Meditation kann als ein Emporsteigen unseres Bewusstseins zu höheren Frequenzen definiert werden, wodurch wir unsere subtileren Körper kennen lernen. Tägliches Meditieren stärkt die Aura und macht gesund, weil Bakterien und Viren dank der heilenden kosmischen Energiequelle verbrannt werden. Wie wir schon erwähnten, ist Meditation eine außergewöhnliche Methode, um die Chakren aufeinander abzustimmen. Es ist schwierig, mit Worten zu definieren, "was" Meditation ist, da es eine Erfahrung ist, die erlebt werden muss, ein Zustand des Seins, der nicht völlig von der Übersetzung des Begriffs *Dhana* aus dem Sanskrit gedeckt wird. Wie *Osho*[4] schon erwähnte, Meditation ist *keine Konzentration,* es ist der Geist, der sich auf etwas konzentriert, und auch *keine Betrachtung,* in der der Beobachtungsraum größer wird. Es ist schwierig, über etwas zu meditieren, das keine Form hat, beziehungsweise den Geist auf das Abstrakte zu richten. Vor allem für uns Abendländer wird es in der ersten Phase nötig sein, den Geist auf etwas zu richten, das seine konstante Tätigkeit unterbricht.
Zum Beispiel auf die Symbole des Tarot und das Licht einer Kerze. Die Symbole der Arkana stimulieren das Verständnis unserer selbst über den Inhalt unserer Chakren. Was der Inhalt *ist* steht in Zusammenhang mit demjenigen, was der Inhalt *sein sollte.* Indem wir meditieren, ohne unseren Geist zu aktivieren, kommt diese Beziehung auf der Ebene des Unbewussten zu Stande, wodurch ein Gleichgewicht zwischen den verschiedenen Bewusstseinsschichten entsteht: Den Chakren. Meditation ist einfach *sein* in dem einen Moment, in Harmonie mit Alles, mit Gott. *Ohne zu denken, dass wir mit Meditation beschäftigt sind,* werden wir von Symbolen gelenkt, deren Funktion es ist, zu verbinden, in der Dimension, in der alles wie von selbst geht, ohne mentalen Zwang. Hierdurch wird die harmonische Natur wiederhergestellt, die die Energie des Weltalls ohne Blockaden fließen lässt. Meditation enthält zwei parallele Prozesse: Die Ausscheidung oder die Reinigung und das Wachstum oder die Entwicklung, die sowohl den Körper als auch den Geist berühren.

Durch Meditation ist es möglich, die Wahrheit unseres individuellen Karma zu beobachten, das der Ursprung der Energieblockaden in bestimmten Körperteilen ist. Indem wir dieses Karma befreien, erlangen wir eine spontane Klarheit und den freien Fluss der Energie, beziehungsweise die Freiheit, zu sein.

Da wir mit Energie arbeiten, ist es während der Meditation wichtig, völlig aufgeschlossen und bereit zu sein, sich hinzugeben, weil die Hingabe uns dabei hilft, die Dimension des Ichs zu übersteigen oder auf jeden Fall seinen Aktivitäten entgegenzutreten. So wird Hingabe ein wichtiges Mittel, um die Energiebahnen zu öffnen. Hingabe bedeutet Verzicht auf die Versuche, etwas erzielen oder erreichen zu wollen, kein Ziel mehr zu haben: Das "nicht handeln um zu haben" des fünften Chakras. Nur die Aufgeschlossenheit der Erfahrung gegenüber bleibt, wir lassen die reine Aktion über uns ergehen. Jedes Ding, positiv oder negativ, geschieht, weil es geschehen muss, da es in diesem Moment geschieht.

"Sich hingeben" ist nicht das Gleiche wie "sich unterwerfen": *Hingabe impliziert keine Macht.* Ersteres bedeutet, dass wir uns selbst akzeptieren, wie wir sind und dass wir Erfahrungen gegenüber aufgeschlossen sind, bereit, um alles zu empfangen, was uns widerfährt. Die Fähigkeit, die eigene Natur zu äußern, ist die Möglichkeit ergreifen, sich bis zum Äußersten in eine Erfahrung zu stürzen und sich dessen in aller Klarheit bewusst zu sein. Das Zulassen, ohne die Absicht, dies zu tun, kreiert Bahnen für das Fließen persönlicher Macht und gibt die innere Kraft, zu handeln und allen Dingen, die geschehen können, die Stirn zu bieten. Das ist dasjenige, was eine meditative Erfahrung sein kann.

5. Das Tarot

Der Zusammenhang zwischen Tarotkarten und Chakren

Die Quelle unserer Inspiration war die Idee, *die symbolische und prophezeiende Kraft des Tarot* mit dem Inhalt der Chakren zu verknüpfen: Mit anderen Worten, Tarotkarten sind wie der Stein von Rosette, sie reichen uns *eine parallele Sprache* dar, mit der wir unser Dasein deuten können, das *in den sieben Chakren verschlossen ist.* Wir erwähnten schon, dass *Hellseher* die Fähigkeit entwickelt haben, *in eine andere Dimension* zu blicken, sie können also auch den Inhalt unserer Chakren - in Form von symbolischen Bildern - lesen. Dieses Buch hat zum Ziel, es jedem, der das möchte, zu ermöglichen, diese Fähigkeit wieder aufzugreifen und zu entwickeln. Diese Fähigkeit ist nämlich *schon ein Teil* der menschlichen Natur. Jeder kann in die Chakren "hineingehen" und ihren symbolischen Inhalt *sehen und deuten*, indem er sie mit Hilfe der prophetischen Merkmale des Tarot liest. *So kann man einen Weg der Selbstbewusstwerdung und des Bewusstseins einschlagen, der zu den nötigen Veränderungen für die vollkommene Heilung führt, zu einer neuen Dimension des Überflusses, der Liebe und Kreativität.* Wie schon erwähnt haben Energieblockaden in den Chakren verschiedene Ursachen und es gibt diverse Methoden, die Blockaden ausfindig zu machen und zu beseitigen. Hier lernen Sie die Technik, die mit Hilfe des Tarot zu Prophezeiungen gelangt. Was kann die Verbindung zwischen den Bildern des Tarot und dem blockierten Energiestrom sein, der der Anfang einer Störung oder einer Krankheit ist? Es ist eine kurze Einführung nötig, um den Begriff *Prophezeiung* einzuführen.

Prophezeiung

Nach der modernen westlichen Ansicht läuft die Zeit unumkehrbar von der Vergangenheit zur Zukunft. Aus dieser Perspektive ist Prophezeiung unmöglich, da es gänzlich unvorstellbar ist, die Zeit umzudrehen, um "einen Blick in die Zukunft zu werfen". Diese Anschauung wurde jedoch von einer Anzahl psychologischen Schulen und von einem Teil der wissenschaftlichen Welt als zu beschränkt bezeichnet. Laut Carl Gustav Jung und seinen Anhängern kennt das Unbewusste zum Beispiel andere Zeiten als das Bewusste.[1] Für das Unbewusste und auch für eine Anzahl Bereiche der Astrophysik ist der Lauf der Zeit nicht linear und unumkehrbar. Die Zukunft wird in gewissem Sinne *im Unbewussten vorbereitet* und kann von Hellsehern geraten werden. Was wir heute sind, kann als eine unendlich variierte Kombination sehr alter Teile gesehen werden.

Durch seine Beobachtung der Parallelen zwischen Religionen, Mythologien und Träumen seiner Patienten kam Jung zu einer sehr außergewöhnlichen Anschauung der "Condition humaine": Alles menschliche Bewusstsein ist miteinander verbunden. Das Bewusstsein jedes Individuums ist ein Flüsschen, das in den Ozean des kollektiven Unbewussten mündet.

Das Problem der Kommunikation mit dem Unbewussten zeigt sich vor allem in der Sprache. Die Sprache des Unbewussten besteht aus Bildern: Darum sind Träume, Mythen, Kunst und prophetische Techniken ebenso Ausdrucksformen des Unbewussten. Wenn das individuelle Unbewusste sich zum Teil mit eigenen Bildern und Symbolen ausdrückt, dann enthält das kollektive Unbewusste so genannte *Archetypen,* beziehungsweise kulturelle Spuren, Bilder und Ideen, die den menschlichen Gedanken im Laufe der Geschichte erschaffen haben und die wir in den Geheimnissen des Tarot zurückfinden.

Jung versicherte, dass es möglich ist, die Zukunft zu lesen und vorherzusagen, da sie sich bereits in uns befindet. Die Möglichkeit, zukünftige Ereignisse vermuten zu können, ist schon seit Menschengedenken bekannt: Darum wurde Fantasie im Altertum sehr hoch geschätzt. Sie ist eigentlich die Mutter der Prophezeiung. Allein durch das Aktivieren der Fantasie, die keine starren Strukturen kennt, können wir in das Symbol eindringen. Der Seher hat die Aufgabe, die Schwingungen aufzufangen, die sich in der Fantasie spiegeln. Prophezeiungen können auf zwei Arten zu Stande kommen: *Spontan,* durch Gefühle, Vorgefühl, Gemütszustand oder *bewusst,* durch das Erlernen eines Wissensgebiets, zum Beispiel der Kunst des Kartenlegens oder der Astrologie.

Prophezeiung *entstammt ausschließlich* dem Lesen des Unbewussten. Unsere Seelen, ebenso wie unsere Körper, bestehen aus einzelnen Elementen, die schon in unseren Ahnen vorhanden waren. Was wir heute sind (das Neue der individuellen Psyche), ist eine unendlich variierte Kombination sehr alter Komponenten, die durch die Archetypen, durch die Umwandlung des symbolischen Prozesses entsteht; hierzu gehört unter anderem das Tarot, dessen Bilder einen nicht zu bezweifelnden und faszinierenden Einfluss ausüben. Das Tarot ist das ideale Mittel, um in Symbolen zu sprechen, da seine Ikonografie alle Symbole enthält.

Historische Bemerkungen zum Tarot

Die Bedeutung des Wortes *Tarot* ist wahrscheinlich "der königliche Weg des Lebens", vom altägyptischen *Tar,* "Weg", und *Ro,* "königlich". Es ist schwierig, wenn nicht unmöglich, zu ergründen, wann und wo das Tarot seinen Ursprung hatte. Die Herkunft des Tarot ist das Thema verschiedener Hypothesen und heftiger Kontroversen. Einigen Quellen zufolge waren die Chinesen die ersten, die das Kartenspiel kannten und verbreiteten. Schon im zehnten Jahrhundert verwen-

Synchronizität

Jung verwendetet den Begriff *Synchronizität*, um zwei oder mehr Ereignisse anzudeuten, die nicht durch Ursache, Zeit oder Raum miteinander verbunden sind und die sich zugleich ereignen und so eine "magische" Manifestation des Unbewussten sind.[2] Mit anderen Worten, das *synchrone* Ereignis ist Zufall und hat eine spezielle Bedeutung für die beteiligte Person, die einen nonkausalen Zusammenhang zwischen den zwei Tatsachen sieht: Es geht also nicht um *Ursache* und *Wirkung*. Es geht um eine Umkehrung der Perspektive, da das westliche Denken von Aristoteles bis Kant auf Ursache und Wirkung basiert. Die Synchronizität zwingt uns, diese Anschauung loszulassen und in Begriffen der *Unkausalität* zu denken: Dadurch können wir denken, dass zufällige Ereignisse bedeutungsvoll sind. So öffnet sich eine Tür zu unbekanntem Gebiet, das anscheinend so merkwürdig ist, dass es "magisch" erscheint, jedoch in Wirklichkeit von den Gesetzen des Unbewussten beherrscht wird. Robert H. Hopcke, Direktor des "Center Symbolic Studies" in Berkeley, Kalifornien hat zu diesem Thema ein Buch geschrieben: *Nichts geschieht zufällig. Zufälligkeiten, die uns Leben verändern.*[3]

deten sie nummerierte Karten. Der Franzose Court de Gebelin (1725 - 1784) berichtet 1771 von einem Buch, beziehungsweise von 78 Hieroglyphen aus der Zeit der Pharaonen, welche die Essenz der Lehre der Ägypter enthalten - die einzigen Zeugen, die dem Flammenmeer in der Bibliothek von Alexandria entronnen sind. Gemäß dieser Strömung behauptete der Friseur Alliette, der okkulte Wissenschaften studierte und das Pseudonym Etteilla verwendete (Anagramm seines eigenen Namens), dass das Tarot dem ältesten Buch der Welt entstammt, von einer mythischen Gestalt mit dem Namen Hermes Trismegistos ("dreifach groß") geschrieben. Obwohl es auch anderen zugeschrieben wird (Henoch bei den Juden, Kadmos bei den Griechen), gilt Hermes traditionell als die Quelle aller Magie. Das Buch, *Taro* genannt, ist angeblich nicht das einzige Werk von Hermes: Auch andere Schriften werden ihm zugeschrieben, zum Beispiel *Poimandres, Asklepios* und die *Smaragdtafel,* die die Prinzipien der Kabbala beschreibt.

Nach einem langen Studium hörte Etteilla damit auf, die Karten Stück für Stück zu entziffern und er ging zu einer breiteren und tief gehenderen Lesart über. Um diese Methode in die Praxis umzusetzen, ging er vom traditionellen ägyptischen System des *Taro* aus und er gründete die Prophezeiung auf 33 Karten, die zu jedem willkürlichen Spiel gehören können und denen eine weiße Karte hinzugefügt wird. Das Verringern der Anzahl Karten erklärt, warum dieses Spiel eine doppelte Bedeutung hat (richtig und falsch herum). Vor Etteilla hatte Guillaume Postel (1510 - 1581) schon die 78 Hieroglyphen den 74 Karten des primitiven französischen Spiels angepasst und ihre Bedeutung und die der symbolischen Gestalten in seinem Meisterwerk übersetzt, das 1540 unter dem Titel *Clef des choses cachées* veröffentlicht wurde, "Schlüssel zu den verborgenen Dingen". Heute gibt es nur noch zwei Exemplare seines Werks; sie werden im British Museum in London und in der Nationalen Bibliothek in Paris bewahrt.

Das Mysterium um das Erscheinen des Tarot in Europa liegt fast ebenso im Dunkeln wie das Mysterium seiner Herkunft. Man denkt, dass es Kreuzritter oder Zigeuner gewesen sein können, die die Karten in den Westen mitgenommen haben. Die meisten Handbücher nennen Frankreich als das Land, in dem sie zuerst verwendet wurden. Man behauptet, dass Carlo Poussart (1392), Silberschmied Karls VI., in der zweiten Hälfte des vierzehnten Jahrhunderts Jacquemine Gringonneur 50 Münzstücke gab für das Anfertigen von drei vielfarbigen Kartenspielen. Andere behaupten, dass das Kartenspiel erst in Deutschland eingeführt wurde, und zwar im vierzehnte Jahrhundert. Abt Rives behauptete hingegen, dass das Kartenlegen in Spanien begann, wo das Tarot unter dem Namen *Naipes* bekennt war, was sich vom arabischen *Naib* herleitet, ein Wort, das auch im Hebräischen gebraucht wird, um alles, was mit Magie und Hellsehen zu tun hat, anzudeuten. Diese Theorie scheint durch die Tatsache bestätigt zu werden, dass die alten französischen Karten ebenso wie die spanischen in Münzen, Kelche, Schwerter und Stäbe aufgeteilt waren, was den vier Staaten entspricht, aus denen Spanien im Mittelalter bestand. Die Münzen gehörten zum Mittelstand und den Händlern, die Kelche zur Kirche, die Schwerter zum Adel und die Stäbe zu den Bauern. Erst danach veränderten sich die Symbole: In Frankreich gebrauchte man Herz, Karo, Pik und Kreuz und in Deutschland Herz, Schellen, Schippen und Treff.

Das Spiel erschien auf jeden Fall vor 1240 in Europa, das Jahr, in dem die Synode von Worcester die Spiele *König und Königin* oder *Naibi,* wie die Karten damals genannt wurden, mit einem Verbot belegte. Die typische, mittelalterliche und westliche Form des Tarot legt die Vermutung nahe, dass sie sich im Laufe der Jahre einige Male verändert hat. Diese Veränderungen waren jedoch immer sehr subtil und eine Anzahl grundlegende Bilder blieben erhalten: Nachforschungen haben deutlich gezeigt, dass sich die Symbolik sicher nicht auf eine bestimmte Periode bezieht. Court de Gebelin zum Beispiel, der am Ende des achtzehnten Jahrhunderts das Interesse an der Kunst des Kartenlegens belebte, spürte, dass ein Zusammenhang zwischen den Tarotkarten und religiösen und esoterischen

Smaragdtafel[4]

Diese gilt als eine Enthüllung des *Hermes Trismegistos,* aber wir wissen nicht, in wieweit dieser Name zu einer Person oder zu einer Priesterfunktion des *Thoth-Hermes* gehört. Er wird zum ersten Mal im achten Jahrhundert in einem Text erwähnt, den *Albertus Magnus* in einer Übersetzung eines arabischen Textes ins Latein antraf. Der Stil deutet auf einen *präislamitischen Ursprung* hin.

1. Wahr, wahr ohne Zweifel und gewiss.
2. Das Untere gleicht dem Oberen und das Obere dem Unteren, zur Vollendung der Wunder des Einen.
3. Und wie alle Dinge aus dem Einen sind, aus der Meditation des Einen, so werden auch alle Dinge aus diesem Einen durch Abwandlung geboren.
4. Sein Vater ist die Sonne, seine Mutter der Mond. Der Wind hat es in seinem Bauch getragen; seine Säugamme ist die Erde.
5. Er ist der Vater aller Wunderwerke der ganzen Welt.
6. Seine Kraft ist vollkommen, wenn es in Erde verwandelt worden ist.
7. Scheide die Erde vom Feuer und das Feine vom Groben, sanft und mit großem Verstand.
8. Es steigt von der Erde zum Himmel empor und kehrt von dort zur Erde zurück, auf dass es die Macht des Oberen und Unteren empfange. So wirst du die Herrlichkeit der ganzen Welt besitzen und alle Finsternis wird von dir weichen.
9. Dies ist die Kraft aller Kräfte, denn sie besiegt alles Feine und durchdringt das Feste.
10. So ist die Welt erschaffen.
11. Daher werden wunderbare Abwandlungen und Anwendungen bewirkt, zu denen hier die Mittel gegeben.
12. Und Hermes Trismegistos bin ich genannt, weil ich die drei Teile der Weisheit der ganzen Welt besitze.
13. Was ich über das Werk der Sonne gesagt habe, ist vollkommen. Das Große Arkanum des Magiers ist mit der Smaragdtafel verbunden.

Symbolen aus dem alten Ägypten bestand und folgerte, dass sie das Wesen der Schöpfung in Form von Hieroglyphen enthielten. Auch bestimmte Symbole des Christentums sind im Tarot deutlich erkennbar. Diese Symbole sind konstant, auch in Zeiten großer Kontroversen innerhalb der Kirche und sie drücken das tiefste Wesen der christlichen Religion aus. Dies erklärt vielleicht, warum die Anpassungen des Tarot im Mittelalter nicht dazu geführt haben, dass eine Anzahl christliche Allegorien verloren gingen, wie die Mäßigkeit (Mäßigung) und die Liebe (die Liebenden). Andererseits haben sich die Bilder auf den Karten sicher verändert, um sie den jeweiligen Bräuchen der Zeit anzugleichen. Darstellungen wie der Herrscher oder die Herrscherin, der Wagen, der Gehängte oder das Rad des Schicksals sind ein Leitmotiv der mittelalterlichen Ikonografie und erinnern an die Turniere und Schlachten, die in jener Zeit ganz gewöhnlich waren. Auch die Hohepriesterin (Arkanum II), in diesem Spiel als Päpstin abgebildet, kann der Geschichte entstammen, da die Familie Visconti rund 1280 tatsächlich eine Päpstin in ihrer Mitte hatte.

Obwohl wir den historischen und geographischen Ursprung des Tarot nicht kennen, können wir abschließend bemerken, dass das Spiel uns zu sehr alten Konzepten inspiriert und dass seine Symbole universell sind. Es ist uns überlassen, die richtigen Analogien und eine andere Ausdrucksform zu finden, die der Zeit und den Bräuchen angeglichen ist.

Das Tarotspiel

Das Marseiller Tarot besteht aus *78 Karten,* 22 Große Arkana und 56 Kleine Arkana. Die *Großen Arkana* heißen so, weil sie Archetypen sind, keine physische Struktur und die reichste Symbolik besitzen: Sie liefern uns Auskunft über den Grund einer Situation.
Die *Kleinen Arkana* stellen Aspekte der vollendeten Wirklichkeit dar und stehen in Beziehung zum materiellen Wesen, stofflichen und alltäglichen Erlebnissen: Sie liefern uns Auskunft über die *Effekte und Details einer bestimmten Situati*on.
Unser Buch behandelt nur die Großen Arkana, da sie für die Art der Erfahrung, die wir machen müssen, die größte Bedeutung haben.
In der Tabelle der 22 Arkana finden Sie die Abkürzungen HA und AFA, die im dritten Teil des Buches, ab Seite 89 erklärt werden.

Der Magier

Arkanum I:	Symbol allen Beginns.
Wert des Arkanums:	Positiv.
Art der Energie:	Dicht.

Weg des Menschen: Der Beginn des Pfads. Dies ist der Mensch in der Blüte seiner Jugend, der sein Dasein durch Erfahrungen, Entdeckungen, Öffnungen, Selbstbeobachtung, Verlust, Reichtum und Schmerz erproben muss. Er ist der

Magier und die magischen Instrumente liegen auf seinem Tisch: Kelch, Scheibe, Schwert und Stab. Mit seinem Stab bringt er uns mit dem Göttlichen in Kontakt. Das Jenseits ist hier, hier ist das Jenseits und die Regeln sind die gleichen.
Symbole: Die im Hut befindliche unendliche Acht (die wir bei der Kraft zurückfinden) ist ein Symbol großer Kraft, da sie in der Lage ist, Energie zu reinigen, wo die Linien einander kreuzen. Männliches, aktives Prinzip des Yang. Ein Stock mit Kugeln an den Spitzen, eine rote und eine blaue. Die vorherrschende Farbe des Gewandes ist rot (Energie).
Zugeordnetes Chakra: Erstes. Seine Merkmale vom Beginn aller Dinge weisen vor allem auf materielle Sachen hin: Arbeit, Haus, Geld. Die Beziehung zur Mutter Erde wird durch die Grätschstellung der Beine dargestellt, die fest auf dem Boden stehen.
Als Allgemeiner Führer Arkanum, AFA, kann er mit allen Chakren in Beziehung stehen. Er ist das Symbol für den Beginn aller Dinge.
Dargestellte Personen oder Situationen: Handwerker, Chirurgen, jeder, der mit den Händen arbeitet, Schauspieler, Menschen, auf die man aufmerksam wird.
Prophetische Bedeutung: Der Beginn, Willenskraft, Initiative, Selbstvertrauen, für eine Frau Beginn einer aufrichtigen Beziehung.

Die Hohepriesterin (die Päpstin)

Arkanum II:	Symbol der Weisheit und Meditation.
Wert des Arkanums:	Positiv.
Art der Energie:	Subtil.

Weg des Menschen: Im Gegensatz zum Magier, der nicht stillstehen kann, ist die Hohepriesterin regungslos und mysteriös. Ihre Bewegungslosigkeit ist kein Stillstand, sondern entstammt dem Bewusstsein ihrer eigenen Rolle: Um zu Bewusstsein zu gelangen, muss man die Hohepriesterin passieren.
Symbole: Stellt die Dualität dar, die zu Gleichgewicht führt. Sie ist die erste weibliche Gestalt und somit Yin. Zwei Säulen, eine rote und eine blaue. Sie hat zwei Schlüssel: Der goldene steht für das Wort und die Rede (das Männliche), der silberne für die Fantasie und die Intuition (das Weibliche). Das Buch, auf dessen Umschlag das Symbol des Tao steht, ist halb geöffnet, um zu zeigen, dass nicht jeder auf den Weg zur Wahrheit vorbereitet ist.
Zugeordnetes Chakra: Das sechste (HA). Hellsehen, Intuition, Prophezeiung, Bewusstsein, Fantasie.
Dargestellte Personen oder Situationen: Offizielle Rolle der Ehefrau, Hausfrau, einflussreiche Frau. Lehrerin. Weibliche oder männliche Medien, Arzt, nichtphysische Mutter, kalte, distanzierte Mutter.

Prophetische Bedeutung: Platonische Liebe, Dokument, Treue, Intuition, Unfähigkeit sich hinzugeben, Weisheit, Meditation, Hellsehen, Glaube, Mysterium der Kraft der weiblichen Passivität.

Die Herrscherin

Arkanum III: Symbol der Fruchtbarkeit.
Wert des Arkanums: Positiv.
Art der Energie: Fest.

Weg des Menschen: Diese strahlende und ruhige weibliche Gestalt stellt die schöpferische Intelligenz dar, die Kontinuität des menschlichen Wesens. Sie ist die physische Mutter, eine moderne Frau in Bewegung. Sie ist sehr stark, dank ihrer spirituellen Komponente, die ihr Magnetismus und Würde verleiht.

Symbole: Die neun Sterne, die wir sehen, stellen die Monate der Schwangerschaft dar, die drei verborgenen Sterne ergänzen sie zu den zwölf Zeichen des Tierkreises. Das Blau des Gewandes weist auf die Fähigkeit hin, in göttliches Denken einzutreten, Rot stellt die Aktion und die Energie dar, mit der sich das Verborgene äußern kann und das die Hohepriesterin in Schwingung versetzt, ohne ihr einen Körper zu geben. Die zwei Flügel stellen ihre Spiritualität dar. In der linken Hand trägt sie das Zepter der weltlichen Macht; in der rechten Hand das Wappenschild mit dem silbernen Adler auf einem purpurnen Feld, der für die von Spiritualität sublimierte Seele steht. Die Lilie verkörpert den Reiz der Reinheit. Der umgekehrte Halbmond unter dem Fuß drückt die alchimistische Kontrolle der spiritualisierenden Stofflichkeit aus.

Zugeordnetes Chakra: Zweites (HA). Sexualität, Sensualität, Fortpflanzung, Emotionen.

Dargestellte Personen oder Situationen: Schwester, Ehefrau, Mutter, Geliebte, eine gute und verantwortungsbewusste Arbeitnehmerin, Schwangerschaft, Veranlagung für Wissenschaft, sehr weiblich und verführerisch, entschieden, Selbstbeherrschung.

Prophetische Bedeutung: Mutterschaft, Wille, Fleiß, Kreativität, materieller Reichtum. Arkanum mit großer Energie, die die umliegenden Karten positiv beeinflusst.

Der Herrscher

Arkanum IV: Symbol der Macht.
Wert des Arkanums: Positiv.
Art der Energie: Mittel.

Weg des Menschen: Seine Macht ist gefestigt, der Gedanke, der vermittelt wird, ist der der Genugtuung und Arroganz, er ist der Prinz dieser Welt. Er regiert über die Wirklichkeit und er ist stolz auf seine Eroberungen. Die Gesichtszüge sind energisch und drücken Eitelkeit und Egoismus aus, er ist pragmatisch, bisweilen abgestumpft.
Symbole: Die knospende Tulpe des Magiers ist erblüht. Die übereinander geschlagenen Beine deuten das Symbol für Schwefel an (X), er sitzt auf einem goldenen Kubus (Festigkeit, unumkehrbare Stabilität, die Form eines philosophischen Steins), auf dem das Emblem des schwarzen Adlers steht: Die Seele ist noch im Käfig der Körperlichkeit gefangen. Er ist im Freien und fürchtet niemanden. In den Händen hält er das Zepter und die Erdkugel, auf seinem Schild stehen die Sonne und der Mond, da Tag und Nacht in seinem Reich zusammenleben.
Zugeordnetes Chakra: Drittes (HA). Kontrolle über persönliche Freiheit, Selbstkontrolle und Kontrolle über andere. Sitz des Mentalen.
Dargestellte Personen oder Situationen: Vater, Bruder, Verlobter, Autorität, patriarchalische Gestalt, Chef, Wohltäter, Beschützer.
Prophetische Bedeutung: Materielle Errungenschaften, Glück, einen Vertrag unterzeichnen, steigende Kurse an der Börse, innere Kraft, Starrheit.

Der Hierophant (der Papst)

Arkanum V:	Symbol für Weisheit und förmlichen Charakter.
Wert des Arkanums:	Positiv.
Art der Energie:	Subtil.

Weg des Menschen: Er ist der Mann, der auf dem Weg der Kenntnis fortschreitet, er symbolisiert die spirituelle Kraft. Er versteht alles, nichts entgeht ihm, er ist nachsichtig gegenüber menschlichen Schwächen, von denen er selbst befreit ist, ebenso wie von Leidenschaften. Seine Gedanken sind klar und distanziert und darum kann er die schwierigsten Probleme lösen.
Symbole: Er sitzt drinnen, den zwei Schülern vor ihm (die Farben ihrer Kutten enthalten rot und schwarz, Unterwerfung und Empfänglichkeit), vermittelt er sein Wissen. Er hat weiße Handschuhe an, so dass er seine Hände nicht mit dem Weltlichen zu beschmutzen braucht. Die Tiara steht für die größte Macht. Das Zepter, ein Kreuz mit drei Querbalken, deutet die spirituelle Kraft an, durch die wir uns selbst beherrschen, frei und tugendhaft. Er hat sieben Arme: Die Sieben ist die Zahl der Harmonie, der Klänge der Musik und der Hauptsünde.
Zugeordnetes Chakra: Übergang vom dritten zum vierten, stellt Beziehungen dar. Das vierte Chakra ist der alchimistische Ort, an dem Energie umgewandelt wird. Fesseln lösen sich (drittes) und man wird freigebig (viertes). Spiritueller Vater (siebter).

Dargestellte Personen oder Situationen: Priester, alter Mensch, Lehrer. Die Schule, die Kirche, Regeln, Riten, Zeremonien.
Prophetische Bedeutung: Kult der Tradition, religiöse Berufung, Güte, Schutz, spirituelle Expansion, Vergebung.

Die Liebenden

Arkanum VI:	Symbol des Konflikts zwischen gut und böse. Deutliches Arkanum.
Wert des Arkanums:	Neutral, zweideutige Bedeutung, drückt eine Wahl zwischen zwei Möglichkeiten aus.
Art der Energie:	Mittel.

Weg des Menschen: Der Mensch steht vor einer Wahl, am Scheideweg und weiß nicht, in welche Richtung er gehen soll. Er ist schwach, zweifelt und wird von allerlei Gefühlen verführt: Aber um eine Wahl treffen zu können, muss er seine Lehre beendet haben und sich von Trieben, Leidenschaften und Egoismus befreit haben. Er hat die Führung und die Sicherheit des Herrschers verloren.
Symbole: Dies ist scheinbar ein Arkanum der Liebe, aber in Wirklichkeit symbolisiert es die Wahl und den Gegensatz zwischen gut und böse. Ein junger Mann steht zwischen zwei Frauen: Die linke Frau ist ernst und spirituell und verspricht ihm moralische Befriedigung; die andere Frau, spärlich bekleidet, drängt sich in den Vordergrund und bietet ihm sensuelle Genüsse. Die Unentschlossenheit des jungen Mannes wird durch sein vielfarbiges Gewand und der Weggabelung zu seinen Füßen unterstrichen. Eros ist bereit, seinen Pfeil zu schießen, sobald der Mann zwischen den zwei Alternativen gewählt hat.
Zugeordnetes Chakra: Drittes und viertes, AFA.
Dargestellte Personen oder Situationen: Verliebt, Geliebter, geliebte Person. Vor einer Wahl stehen.
Prophetische Bedeutung: Liebe, Anfang einer oberflächlichen Beziehung, Wahl, Prüfung, freier Wille, Verführung, Versprechen. Was von einem anderen kommt. Man findet Hilfe und Bündnisse.

Der Wagen

Arkanum VII:	Symbol des Triumphs.
Wert des Arkanums:	Positiv.
Art der Energie:	Mittel.

Weg des Menschen: Der Mensch hat schon Erfahrungen gemacht, so dass er mit Entscheidungen umgehen kann. Er will erobern und darum steigt er in den Siegeswagen. Seine Räder stehen beim Kubus des Herrschers: Das bedeutet, dass er

eine andere Art von Macht erobern wird. Er ist stärker als der Herrscher, er hat keine Zügel nötig, um die zwei Sphinxe, die den Wagen ziehen, zu lenken: Seine Stimme genügt.
Symbole: Jung und schön wie der Magier verkörpert er die Energie des Beginns aller Dinge. Wie der Herrscher trägt er ein Zepter der Macht, aber er steht am Beginn seines Weges des Wissens auf der Welt. Der Baldachin ist das Firmament, auf seinem Kopf trägt er ein Diadem, das drei Sterne zieren, die in drei Richtungen leuchten: Der mittlere beleuchtet den zurückgelegten Weg, die an der Seite sind auf die Ränder gerichtet, damit er keinen eingeschränkten Blick auf das Leben hat. Der Wagen wird von zwei Sphinxe gezogen, einer weißen und einer schwarzen, die die zwei Gegenpole der Energie darstellen (sie ziehen eigentlich in zwei Richtungen), wodurch der Wagen vorankommt. Die Energie des Überlebens und die subtilere Energie der Entwicklung werden aufeinander abgestimmt. Der Wagen stellt das kreative Talent dar, im Leben voranzukommen. Er ist das Arkanum des Triumphs.
Zugeordnetes Chakra: Der Wagen ist kein primäres Arkanum und kann verschiedenen Chakren zugeordnet werden: Dem zweiten auf Grund des erkundenden Aspekts der Reise; dem dritten wegen der persönlichen Kraft, die triumphiert; dem fünften auf Grund des treffend ausgedrückten Wortes. Er kann ferner zu allen Chakren in Beziehung stehen (AFA), wenn das Symbol Bewegung oder Ortswechsel bedeutet.
Dargestellte Personen oder Situationen: Aktiver Jüngling, Pilot, Führer oder Chef.
Prophetische Bedeutung: Aufstieg, Erfolg durch Aktion, Entscheidung, unerwartete Neuigkeiten, Reisen, Verdienste, vollendeter Erfolg in allen Bereichen.

Gerechtigkeit

Arkanum VIII:	Symbol der Gerechtigkeit.
Wert des Arkanums:	Positiv.
Art der Energie:	Mittel.

Weg des Menschen: Die hier abgebildete Frau ist älter als die Herrscherin und ihre Züge sind härter geworden. Sie kann allein beurteilt werden, wenn man sie kennt und es ist deutlich, dass diese weibliche Gestalt ihre führende Rolle der Richterin, die das Gleichgewicht erhalten muss, nicht nur beherrscht, sondern völlig von ihr durchdrungen wird. Sie stellt die Säule der moralischen Integrität dar. Um glücklich sein zu können, muss man gelitten haben.
Symbole: Die Waage der Wahrheit, die sie mit der linken Hand fest hält und die pro und kontra abwiegt, gut und böse, Verdienste und Schuld, ist nicht eindeutig, da es Gerechtigkeit geben muss und weil etwas bezahlt werden muss. Das schwere Schwert in der rechten Hand besagt, dass keine einzige Schuld unge-

straft bleiben wird. Ihr Thron ist massiv und stabil wie der Kubus des Herrschers und bestätigt ihre weltliche Macht. Aber ihre Aktivität ist auch mental und das Blau ihrer Ärmel ist die Bestätigung dessen. Es gibt keine Rache, sondern nur Wiedergutmachung begangener Fehler und das wieder gutmachende Instrument ist die Waage, die mit ihrer Pendelbewegung das Gleichgewicht wieder herstellt.
Zugeordnetes Chakra: Drittes, als Ausdruck der Macht, die auch urteilen kann; das fünfte, da das Wort das Instrument ist, das von den Verteidigern des Gesetzes gebraucht wird.
Dargestellte Personen oder Situationen: Rechtsanwalt, Verwalter, Minister, Richter, Soldat, Polizist, Wächter, Lehrer oder Lehrerin.
Prophetische Bedeutung: Gerechte Belohnung, Scheidung, Prozess, gesetzliche Aktionen, Entschädigung, Verurteilung, Disziplin, das eigene Leben ordnen; es schwierig finden, die Prüfungen des Lebens zu akzeptieren.

Der Eremit

Arkanum IX:	Symbol der Besonnenheit.
Wert des Arkanums:	Neutral (für einige Menschen ist er negativ; wir denken, dass seine extreme Spiritualität über seine charakteristische Trägheit, die ihn unbeliebt macht, siegt).
Art der Energie:	Subtil.

Weg des Menschen: Der alte Mann dieses Arkanums ist sehr erfahren, er kennt die Vergangenheit und kann der Zukunft die Stirn bieten. Es ist der Magier, der den wirklichen Menschen in sich selbst sucht. Die Suche dauert lange, darum ist er so alt geworden. Seine Mission ist weltlich, aber seine Fähigkeit, sich von materiellen Dingen zu lösen, macht ihn zu einem Mann, der zu gänzlicher Spiritualisierung neigt. Er hat es nicht mehr eilig, er rennt nicht mehr, wie der Herr des Wagens. Er muss ein anderes Reich erobern.
Symbole: Seine Art zu laufen weist auf Besonnenheit hin. Er ist dem Kronos-Saturn gleichgestellt und darum ist er die symbolische Darstellung der Zeit, die langsam vergeht. Er kommt langsam voran, aber er bleibt nicht stehen. In der rechten Hand hält er eine helle Lampe, die ihn auf seiner inneren Suche nach seinem wahren Wesen, seiner Seele, führt. In der linken Hand hält er einen Stock, in der Nähe liegt eine Schlange, die der Eremit nicht wegjagt. Sie stellt die Lebensenergie dar, die der Wundertäter auffängt, um sein Wissen von der Heilkunde Eingeweihten weiterzugeben. Im Gegensatz zum Hierophanten lässt er nur diejenigen an sich herantreten, die den Weg des Wissens einschlagen wollen. Seine Kleidung ist sehr wichtig. Sein Mantel lässt inneren Reichtum vermuten, der viel kostbarer ist als äußerlicher.

Zugeordnetes Chakra: Das sechste, auf Grund der paranormalen Fähigkeiten, die der Eremit auf seinem Einweihungsweg erwirbt. AFA, alle Chakren. Es ist eine energetische Verzögerung im Gang, die mit all unseren sieben Bewusstseinsschichten in Beziehung stehen kann.
Dargestellte Personen oder Situationen: Witwer, Witwe, Priester, Nonnen; derjenigen, die freiwillig zurückgezogen leben.
Prophetische Bedeutung: Periode des Nachdenkens oder der Ruhe, Vorsicht, Gewohnheitsmensch, verschlossener oder schweigsamer Charakter, Keuschheit, Menopause; Konsultationen, durch die wir unseren wahren Gesundheitszustand erfahren. Alternative Heilverfahren, außersinnliche Erfahrungen.

Rad des Schicksals

Arkanum X:	Symbol einer Veränderung im Leben. Scheinarkanum.
Wert des Arkanums:	Neutral.
Art der Energie:	Dicht (karmisches Arkanum, steht für das Glück).

Weg des Menschen: In diesem Arkanum sieht man den Menschen, der sich vielleicht zum ersten Mal seines Lebens bewusst wird, ausgedrückt durch die *Drehbewegung des Rads, das das Schicksal* darstellt, das Karma. Ein Griff setzt das *Rad* in Bewegung, woraufhin es sich an die Chakren erinnert: In diesem Moment findet die *Geburt* statt. Die Bewegung neigt langsam aber sicher dazu, sich im *Laufe des Lebens* zu verlangsamen, bis es ganz stehen bleibt, wenn der *Tod* plötzlich erscheint.
Symbole: Reich an Symbolen, wir beginnen mit den zwei merkwürdigen Gestalten, die sich am Rad festklammern. Erkennbar sind ein typhonartiges Monstrum und ein anubisartiges Wesen (seihe Kasten *Typhon und Anubis*), die uns einerseits die perverse Kraft der Gewalt zeigen und andererseits die positive Energie, die von Anubis überbracht wird, dessen ätherische Substanz, was die blaue Färbung seines Körpers nahe legt, uns zu spiritueller Heilung führt. Die Sphinx, die über das Rad hinausragt, ist dort, um die Energie nach unten zu leiten, wo sich das menschliche Leben abspielt. Ihre energetische Kraft wird auch durch den Hinweis auf die vier Elemente ausgedrückt, wie wir an den Farben sehen können. Roter Kopf: Feuer. Blaue Flügel: Luft. Brust und Vorderpfoten: Wasser. Schwarze Rückseite: Erde. Sie enthält wichtige religiöse Symbole, die die Symbole der vier Evangelisten geworden sind: Die Flügel des Adlers (Johannes), die Löwenpfoten (Markus), die Flanken des Löwen (Lukas); das menschliche Gesicht stellt den Menschen oder den Engel von Mattheus und das Leben selbst dar.
Zugeordnetes Chakra: AFA, alle Chakren. Die karmischen Folgen hängen von der Stelle ab, an der sich dieses Arkanum befindet.
Dargestellte Personen oder Situationen: Person (Kollege, entfernter Verwandter, Nachbar), der sich einmischt, um ein Ereignis abzuwenden.

Typhon und Anubis

Typhon ist ein *monströses Wesen,* das letzte Kind der Gaia, die ihn mit Tartarus gezeugt hat. Kein einziger anderer Gigant konnte sich mit seiner Gestalt und seiner Kraft messen: Er war größer als ein Berg und er konnte mit seinem Kopf die Sterne berühren. Wenn er sein Arme streckte, berührte er mit einer Hand den Osten und mit der anderen den Westen. Statt Fingern hatte er hundert Drachenköpfe und an seiner Hüfte war er von Nattern umgeben. Er spuckte mit seinen Augen Feuer und mit seinen zwei enormen Flügeln konnte er pfeilschnell fliegen. Er war bedrohlich und grausam, er entriss Zeus seine Sehnen und Muskeln, der sie dank des Einschreitens von Hermes und Pan zurückbekam. Typhon musste der Wut des Gottes entfliehen, der ihn auf Sizilien unter dem Ätna zerschmetterte: Seit dieser Zeit spuckt der Vulkan Feuer. Der logischsten Deutung zufolge symbolisiert das Monstrum Orkane und andere geologische Folgen von Vulkanausbrüchen.
Anubis ist ein *Gott der Ägypter,* der sitzend dargestellt wird, mit dem Körper eines Menschen und dem Kopf eines Schakals. Er beschützte die Toten, indem er ihnen ein angemessenes Begräbnis sicherte und er begleitete ihre Seelen auf der Reise jenseits des Grabes. Er sorgte für Essen, bewachte die Gräber und die Mumien. Er galt als Sohn von Isis und Osiris, der die Verwesung der sterblichen Überreste von Isis verhütete. Die Griechen kannten ihn als Hermes.[5]

Prophetische Bedeutung: Ehe, positive Entwicklung, Schicksal, Zufall, aber auch alles entgegengesetzte. Den richtigen Moment finden, Unbeständigkeit, keine Sicherheit

Kraft

Arkanum XI:	Symbol der spirituellen weiblichen Kraft.
Wert des Arkanums:	Positiv.
Art der Energie:	Subtil.

Weg des Menschen: Hier wird endlich die Kraft des Weiblichen dargestellt. Mit bloßen Händen öffnet sie einem majestätischen Löwen das Maul. Sie handelt im vollen Bewusstsein ihrer Kraft, aber sie lächelt, als ob sie sagen will, dass Macht auch leicht sein kann, ohne Kraft zu verlieren, im Gegenteil: Wenn wir unsere energetische Frequenz zurückfinden, können wir das Tier in uns und außerhalb uns beherrschen.

Symbole: Das Mädchen trägt den gleichen Hut wie der Magier - die unendliche Acht mit aller reinigenden Kraft dieses Symbols. Diese Karte deutet an, dass es schwierig ist, menschliche Leidenschaften zu beherrschen, um uns zur magischen Kraft der Veränderung emporzuheben, die nur die Frau kennt.
Zugeordnetes Chakra: Das zweite, die Kraft des Weiblichen, der Ort, an dem auf alchimistische Weise das neue Leben geschaffen wird; das sechste, der Weg der Intuition und des typisch weiblichen Instinkts. AFA: Alle Chakren, da diese Energie sich in allen Bewusstseinsschichten befindet.
Dargestellte Personen oder Situationen: Sportler, Dompteure, riskante Berufe wie Feuerwehrmann oder Rennfahrer.
Prophetische Bedeutung: Im Unbewussten befinden sich geheime Quellen, psychische und physische Energie, Mut, moralische Kraft, Beharrlichkeit, Leidenschaft, Wut, Machtmissbrauch, dem eigenen Recht Geltung verschaffen.

Der Gehängte

Arkanum XII:	Symbol der spirituellen Kraft.
Wert des Arkanums:	Negativ.
Art der Energie:	Dicht.

Weg des Menschen: Hier beginnt der Verlust, entweder die initiierende Kraft des Magiers oder die des Herrschers verliert an Boden: Die Haltung der Beine ist die gleiche, aber umgekehrt, sie weist auf Verlust hin, weil man zu sehr an Dingen, Menschen und Situationen hängt, die es einem unmöglich machen, Entscheidungen zu treffen, die aus der Seele kommen. Darum - unfreiwillige Aufopferung.
Symbole: Aus den zwei Taschen, einer goldenen und einer silbernen, fallen Münzen, so dass uns ein starkes Gefühl des Verlusts beschleicht. Der Kopf, der nach unten hängt, zeigt, dass die Sorgen noch irdisch sind, lässt jedoch eine sehr große okkulte und spirituelle Kraft vermuten, die durch diese scheinbare Bewegungslosigkeit ausgedrückt wird. Er gebraucht seine Muskeln nicht, aber zwischen ihm und einer fast hypnotisierenden psychischen und telepathischen Kraft ist Interaktion. Die Hose ist blau wie die Spiritualität, die rotweiße Jacke hingegen weist auf den Weg der Reinheit hin, obwohl er kaum angedeutet wird. Aber durch seine Haltung der gänzlichen Unterwerfung erwarten wir eine völlige Abweisung von Neuerungen.
Zugeordnetes Chakra: AFA, alle Chakren: Verlust von Energie in all unseren Wirklichkeiten, manchmal noch nicht in dieser Dimension manifestiert.
Dargestellte Personen oder Situationen: Priesterwürde; Dieb, der in der Eile einen Teil seiner Beute verliert; Menschen, die unter ernsten Krankheiten leiden, wodurch sie sich nicht bewegen können oder der Sucht zum Opfer gefallen sind, zum Beispiel Alkohol und Drogen. Ständiges Pech im Alltag. Ende einer Liebe.

Prophetische Bedeutung: Depressionen, Selbstmordgedanken, auferlegter Stillstand, Fehlgeburt, Telepathie, Aufopferung, Schmerz, Einsamkeit, Ohnmacht, Gebet, Reue, Akzeptieren.

Der Tod

Arkanum XIII: Symbol der Veränderung.
Wert des Arkanums: Neutral.
Art der Energie: Dicht.
Weg des Menschen: Nachdem er den Schmerz und die Aufopferung des vorhergehenden Arkanums gespürt hat, muss der Mensch sich wiederfinden und schwierige Situationen beenden. Allgemeinheiten töten, den Teil, der uns unterdrückt, so dass wir in ein neues Leben wiedergeboren werden. So ist der Tod der Träger einer wohl tuenden Veränderung, die wichtig ist für spirituelle und physische Heilung.
Symbole: Bedeutet selten physischer Tod, wenn er nicht mit anderen Karten verbunden ist. Der Stiel der Sense ist rot, weil der Tod Energie hat, die verwelkte Kräfte verschlingt. Die Sense mäht Unkraut und lässt neue, gute Pflanzen nachwachsen. Die Gesichter haben noch ihren Ausdruck, als ob sie lebendig sind, da Liebe nicht stirbt und die Seele jenseits des Grabes weiter liebt.
Zugeordnetes Chakra: AFA, alle Chakren: Die erneuernde Kraft ist in all unseren Chakren erwünscht, um den Weg der neuen Menschheit einschlagen zu können.
Dargestellte Personen oder Situationen: Psychoanalytiker, Therapeut; jeder, der dabei hilft, unser Leben zu verändern, Orthopäde.
Prophetische Bedeutung: Veränderung, Beendigung einer Phase: Liebe, Arbeit, Gesundheit, ein Jahr und die 13 Vollmonde, Erbschaft, Lähmung, Krankheiten des Skeletts, Alter, Wiedergeburt.

Mäßigkeit

Arkanum XIV: Symbol der Erwartung.
Wert des Arkanums: Neutral.
Art der Energie: Subtil.
Weg des Menschen: Nach der Veränderung, die beim Tod eintrat, begeben wir uns mit diesem Arkanum auf den Weg zu einer subtileren Energiedimension. Hier bekommt man die Ruhe und Standhaftigkeit, die für die spirituelle Heilung nötig sind. Hier finden wir das Gleichgewicht zwischen Gefühl und Vernunft. Wir müssen stillstehen, um zu beobachten und nachzudenken.
Symbole: Die Flüssigkeit, die aus einer Amphore in eine andere gegossen wird (eine silberne Amphore: Die Intuition; die goldene ist die Rationalität) in einem

ständigen Zyklus, der auf die fortwährende Bewegung der kosmischen Energie hinweist, die uns zur Verfügung steht. Damit wir von ihr profitieren können, wie die Mäßigkeit es tut, müssen wir standhaft sein, so dass kein Tropfen verschwendet wird. Die Kunst des Heilens können Heiler allein anwenden, wenn sie die Reinheit der Seele erlangt haben, sonst sind sie nicht in der Lage zu ständiger Aktivität und sie sind nicht sehr effizient. Halb Frau, halb Engel, sie strahlt Harmonie und Gleichgewicht aus. Auch stellt sie die Kontinuität dar, die die Vergangenheit mit dem Jetzt und der Zukunft verbindet.
Zugeordnetes Chakra: Das siebte (HA). Sie öffnet dieses Chakra, das uns mit dem Makrokosmos in Verbindung bringt und uns mit sehr kostbarer, kosmischer Energie versorgt.
Dargestellte Personen oder Situationen: Heiler; Ärzte, die sich mit alternativen Heilverfahren beschäftigen und jeder, der Energie gebraucht, um zu heilen; Ökologie, ein lieber Freund oder jemand, zu dem man eine unbeschwerte, ruhige Beziehung hat.
Prophetische Bedeutung: Positive Impulse, die dem Unbewussten entstammen, Geduld, heilende Energie, Wunder, Mäßigkeit, Geiz, Apathie, Stopp.

Der Teufel

Arkanum XV:	Symbol des Chaos.
Wert des Arkanums:	Negativ/positiv.
Art der Energie:	Dicht.

Weg des Menschen: Der Kubus des Herrschers ist der Kubus der Sucht geworden. Man kann sich zum Sklaven der Drogen, des Alkohols oder seiner Leidenschaften machen oder man kann diese Energie als Stimulanz gebrauchen, um zu überleben. Wir haben die Wahl, wir können uns mit unserem eigenen freien Willen entscheiden.
Symbole: Wieder ein Hermaphrodit, aber dieser hat den Kopf einer Ziege und die Brüste und Arme einer Frau. Seine Funktion hat auf jeden Fall einen magischen Charakter: Dank dieses Charakters geschehen materielle Wunder. Damit wir unsere Harmonie finden, müssen wir Impulse ins Gleichgewicht bringen, um nicht den Exzessen der sieben Hauptsünden zu verfallen. Stolz muss in Würde verwandelt werden; Wut in Mut und aktive Energie; Faulheit muss verdienter Ruhe weichen; Gier muss vergessen werden und stattdessen müssen wir essen, was uns ernährt; Neid muss in Widerstand gegen Ungerechtigkeit verwandelt werden; Geiz wird zu wirtschaftlichem Handeln abgeschwächt; der Wollust, in der der Teufel seine Macht ausübt, wird durch religiöse Praktiken Einhalt geboten, ohne zu entweihen, was heilig ist. Die Energie der zwei gefesselten Wesen an seinen Füßen ist blockiert und sie sind zu Sklaven reduziert.

Zugeordnetes Chakra: Erstes (HA). Ohne "Teufel im Körper" sind wir nicht in der Lage, die primären Energien in Bewegung zu setzen, die zum überleben nötig sind (siehe Kasten *Kundalini*). Das ist der positive Aspekt dieses Arkanums.
Dargestellte Personen oder Situationen: Gewalttätige, unehrliche Personen, Politiker, Bankier, Verführer (der eine elementare Magie betreibt, die auf dem Instinkt basiert, der in der Lage ist, den Teufel ohne Anrufung einschreiten zu lassen), humorlose Menschen, das Magische, das Okkulte, Sekten.
Prophetische Bedeutung: List, brutale Kraft, Verrat, zügelloser Sex, Alkohol, Drogen, falsche Liebe, Abhängigkeit von Medikamenten, Grinsen, Entschlossenheit, die Nacht.

Der Turm

Arkanum XVI:	Symbol für das Verlieren des Gleichgewichts.
Wert des Arkanums:	Negativ.
Art der Energie:	Dicht.

Weg des Menschen: Es ist der Geist, der sich verbirgt, da er in die Materie herabgestiegen ist, um sie zu verzehren. Die Verdichtung des ätherischen Teils des Menschen, bereits in das Arkanum des Teufels eingeweiht. Während der Umwandlung müssen wir Gott vergessen, um Materie zu werden. Gott beauftragt uns, wenn wir uns inkarnieren. Wir müssen uns nicht durch Heimweh zum Himmel ablenken lassen, sonst können wir unseren karmischen Auftrag nicht erfüllen. Er repräsentiert den Menschen, der seine persönliche Kraft übersteigert und arrogant wird. Er verkündet die göttlichen Gesetze und das Gebäude, das über die Welt herausragen sollte, stürzt ein, enthauptet von einem Blitz. Für den Menschen ist das der definitive Bruch.
Symbole: Dies ist vor allem das erste Gebäude, das im Tarot erscheint (es kommt im Arkanum XVIII zurück). Die Steine, fleischfarben, deuten an, dass es sich um ein lebendes Bauwerk handelt. Wir können eine Beziehung zu unserem Körper herstellen, der aus Zellen besteht, die uns an die Steine des Turms erinnern. Es gibt vier Öffnungen, zwei beleuchten den mittleren Teil des Gebäudes, wo der Sitz des Geistes ist. Die Tür zum Erdgeschoss ist leicht zugänglich, wie die eigenen Erfahrungen der niederen Chakren. Das dritte Fenster bringt uns zur Hoffnung, die uns den weitesten Blick gewährt, den wir genießen können, wenn wir höher stehen, wo die Energie subtiler wird. Aber man sollte sich vor zu viel Spiritualität hüten, was uns das Bild des Pfeils in der wolkenlosen Luft zeigen will. Die zwei menschlichen Gestalten, die nach unten fallen, sind diejenigen, die zu viel wagten ohne die nötige Erfahrung aufgebaut zu haben. Die farbigen Flammen und Kugeln sind die materialisierten Energien des Menschen. Diese Phantomformen sind leblos, sie enthalten nur die Vergangenheit. Wir werden von die-

sen Schatten umzingelt: Wenn wir ihnen mit unserer Anhänglichkeit Leben schenken, werden wir in astraler Hinsicht zum Vampir gemacht. Dieses Arkanum stellt die Neigung zur Materialisierung dar, die die Fahrzeuge zur Spiritualisierung verdichtet. So verbergen sie Dogmen, undurchsichtige Schalen, die die Wahrheit entstellen. Die Kleidung des Königs, die auch nach dem Sturz so bleibt, ist vielfarbig, aber blau überwiegt, was das spirituelle Element des Menschen darstellt, der materielle Teil hingegen wird mit dem Rot der Kleidung der zweiten Person dargestellt.
Zugeordnetes Chakra: AFA, alle Chakren. Schock, affektives oder physisches Trauma, das sich nähert oder sich schon manifestiert hat, zum Beispiel in der Kindheit, als karmischer Ausdruck des Menschen, der also auch das gesamte Dasein umfasst, das in allen sieben Chakren enthalten ist.
Dargestellte Personen oder Situationen: Jeder, der über uns entscheiden kann, ein Richter, ein Prüfer. Jemand, der geschieden ist oder im Begriff ist, sich scheiden zu lassen. Einen anderen Glauben annehmen. Naturkatastrophen. Politische Aufruhr.
Prophetische Bedeutung: Drastische und unerwartete Ereignisse, Infarkt, Verlust der Arbeit, Gesundheit, Liebe, verschlossener Ort, wie das Krankenhaus oder Gefängnis, Scheidung, Misslingen aller Aktivitäten auf Grund von Dummheit. Es gibt keine Sicherheit mehr.

Der Stern

Arkanum XVII:	Symbol der Hoffnung.
Wert des Arkanums:	Positiv.
Art der Energie:	Subtil.

Weg des Menschen: Wir waren in den Abgrund gefallen, merkten jedoch, dass wir vom Firmament über uns beschützt werden. Die himmlischen Sterne ermutigen uns. Unser Weg erscheint grausam, da seine Ende nicht unsere Befriedigung ist, sondern die Wiedervereinigung mit dem universellen Leben. Das weltliche Leben mit seinen Reizen würde uns völlig versklaven und wir wären in eine beängstigende Finsternis gehüllt, wenn der Stern uns mit ihrer Helligkeit nicht zu Hilfe eilen würden, um spirituelle Ambitionen zu erfahren.
Symbole: Dies ist eine der schönsten Tarotkarten, sie strahlt *Schönheit, Harmonie, Spiritualität* und *Sensibilität* aus. Das Mädchen, schön und anmutig, ähnelt einer Fruchtbarkeitsgöttin der Erde: Mit ihren zwei Amphoren, eine goldene, aus der eine Flüssigkeit kommt, die stillstehendes Wasser wieder lebendig macht, und eine silberne Amphore, aus der eine andere Flüssigkeit strömt, die die Erde fruchtbar macht und so die Natur am Leben erhält. Die Akazie, hartnäckig auf das Leben gerichtet, wird ein Symbol der Unsterblichkeit. Sie zu kennen bedeu-

tet, den Weg zu kennen, der zum Geheimnis führt, um ein Meister zu werden. Der Schmetterling bringt uns eine leuchtende Botschaft von der Befreiung von jeder Grobheit. Die Mysterien des Arkanums sind die des Schlafs und der Nacht. Sie stellt die Reise dar, die wir jede Nacht machen und die Spuren im Traum hinterlässt, der der erste Initiator der Menschheit war. Oft haben wir beim Aufwachen die Lösung eines Problems gefunden, das uns beunruhigte: Es war der kleine blaue Stern, der uns erleuchtete. Die Nacht gibt uns einen Rat, dank des Hellsehens, das während des Schlafs frei wird, wenn das Geistige zur Ruhe kommt. Dieser Sternenhimmel erinnert uns auch an den astralen Einfluss, den unsere Persönlichkeit erfährt.
Zugeordnetes Chakra: Fünftes (HA). Die Energie ist subtiler, wir haben uns von Ängsten und Fesseln befreit und jetzt widmen wir uns Dingen, die verfeinerter und kreativer sind.
Dargestellte Personen oder Situationen: Dichter, Maler, Musiker, Inspirationen folgen, der eigenen Intuition vertrauen; eine Frau, die Liebe und Schutz bietet; Wasser, Astrologie.
Prophetische Bedeutung: Hoffnung, Schutz, sensuelle Liebe, Hellsehen, Schönheit, eine Parfümerie oder Galerie eröffnen, Talent zur Musik, Ruhe, Friede.

Der Mond

Arkanum XVIII:	Symbol der Gefahr.
Wert des Arkanums:	Negativ.
Art der Energie:	Dicht.

Weg des Menschen: Das Leben hält wieder neue Prüfungen für uns bereit: Wenn wir die Regeln der Entwicklung nicht befolgen, kann der Teich eine tödliche Falle werden. Wir sollten das hügelige Gelände, das der Mond nur zum Teil erleuchtet, gar nicht ins Licht rücken: Wir können falsche Schritte unternehmen. Ein Moment der Besinnung.
Symbole: Das Licht des Mondes ist nicht hell genug, um Farben zu unterscheiden. Die Wirkung des Mondlichtes ist irreführend. Die Krabbe auf dem Vordergrund scheint aus dem Teich kommen zu wollen, aber zwei wilde Hunde, die den einzigen Weg nach draußen bewachen, scheinen dies zu verhindern. Die Krebs ist rot, nicht weil er gekocht ist, sondern wegen der Energie, die er gebraucht, um seine heilsame Aufgabe zu vollbringen, die Reinigung des Teichs. Die zwei viereckigen Türme tun Dienst als Wächter und warnen uns, dass wir aufpassen müssen, da das Gelände, das vom Mond beschienen wird, auf jeden Fall gefährlich ist. Im Inneren der silbernen Scheibe, die den Mond darstellt, befindet sich das Profil einer Frau, um den Teil unserer Weiblichkeit anzudeuten: Aus dem Rand kommen lange, gelbe Strahlen (Stofflichkeit, Macht) und rote

Strahlen (Basisenergie, die spirituell werden kann), die kürzer als die gelben sind, um anzudeuten, dass die Fähigkeiten des Mondes, wie die Fantasie, für die Entstehung von Gestaltgedanken günstig sind, die uns aber nicht dabei helfen, die richtige Wirklichkeit der Dinge, die uns umringen, zu verstehen.
Zugeordnetes Chakra: AFA, alle Chakren: Die Gefahr lauert überall, in allen Aspekten unseres Daseins.
Dargestellte Personen oder Situationen: Mysteriöse Frau, verborgener Feind, mondsüchtige Menschen, Schifffahrt, Psychoanalyse.
Prophetische Bedeutung: Verborgene Gefahr, Verleumdung, Geheimnisse, der böse Blick, Tumor, Nervenleiden, Kraftlosigkeit, Eifersucht, Klatsch, Untreue, Schmeicheleien, Vorgefühl, Narben eines alten Traumas.

Die Sonne

Arkanum XIX:	Symbol für Erfolg.
Wert des Arkanums:	Positiv.
Art der Energie:	Mittel.

Weg des Menschen: Endlich wird männliche und weibliche Energie ausgetauscht, die unser Dasein ins Gleichgewicht bringt. Mensch und Natur sind aufeinander abgestimmt. Der Moment von Klarheit. Es ist das schönste Arkanum, weil es Gleichgewicht darstellt und somit Glück und Erfolg.
Symbole: Der Glanz der Sonne enthüllt die Wirklichkeit. Ihr Licht ist nicht irreführend wie das des Mondes. Die zwei halb nackten Jugendlichen repräsentieren den Geist und die Vernunft, der goldene Regen ist das philosophische Gold, das ihre Herzen einweiht. Ihr Glück wird unendlich sein, da es ihnen selbst entstammt. Die Mauer bedeutet Schutz.
Zugeordnetes Chakra: Drittes (HA), da die Sonne dem Sonnengeflecht Energie gibt; viertes, auf Grund des Verweises auf das Paar. AFA, alle Chakren. Bisweilen ist es nötig, in allen Bewusstseinsschichten das Licht anzuschalten.
Dargestellte Personen oder Situationen: Der Vater, ein Zwilling, eine beruhigende Gestalt, der Tag, das Herz, der richtige Moment.
Prophetische Bedeutung: Glückliche Ehe, Wohlsein, warmer Ort, Freiheit, Liebe, Ruhe, Frieden, Triumph.

Das Gericht

Arkanum XX:	Symbol der Wiedergeburt.
Wert des Arkanums:	Positiv.
Art der Energie:	Subtil.

Weg des Menschen: Die Wiedergeburt durch Vergebung, das Loslassen negativer Energie und von dort her spirituelle und physische Heilung, Liebe mit der Absicht, sich von Fesseln zu befreien. Es ist das neue Leben für diejenigen, die sich verändern und sich einem neuen spirituellen Atem öffnen, der alles heilt.
Symbole: Der blonde Engel beugt sich über eine blaue Wolke, die Licht und göttliche Energie ausstrahlt. Die goldene Trompete vereint uns mit dem Erzengel Gabriel, von Gott zum Jüngsten Gericht geschickt. Der Junge kommt aus einem Grab, das die Sünden der Menschheit enthalten könnte. Der Vater und die Mutter scheinen zu vermitteln und den Engel zu bitten, auch auf ihn den göttlichen Regen regnen zu lassen, der für jeden die Initiation zum Heiligen sein wird. Materie wird nicht geleugnet, nicht vernichtet, sondern transformiert. Auf der Stirn des Engels leuchtet das Sonnensymbol, das wir schon im Arkanum der Gerechtigkeit und der Mäßigkeit sahen. Seine Flügel sind grün, da sein Reich das Reich des Geistes ist.
Zugeordnetes Chakra: AFA, alle Chakren. Eine allgemeine Wiedergeburt ist wünschenswert.
Dargestellte Personen oder Situationen: Richter, Steuerberater, PR-Mann, Formen der Kommunikation, das karmische Gewicht, die menschliche Art, massenhafter Aufruhr, Ereignis von historischer Bedeutung, das kollektive Unbewusste.
Prophetische Bedeutung: Wundersame Heilkunst, wundersame Heilung, Aufstieg, Urteil, Veränderung der Situation, Überraschung, Vergebung, Reue, spirituelle Erneuerung, Heiliger Geist, Ekstase, vergessene und wieder gefundene Traditionen, Geburt, religiöse Berufung.

Die Welt

Arkanum XXI:	Symbol der Bekrönung der Anstrengungen.
Wert des Arkanums:	Positiv.
Art der Energie:	Mittel.

Weg des Menschen: Materieller und physischer Erfolg, alles bewegt sich wie die Welt sich bewegt, Bewegung steht am Ursprung des Lebens, also Bewegung als Gegensatz zu Stillstand. Der Mensch ist jetzt selbstsicher und kann durch die Welt ziehen, um neue Situationen kennen zu lernen, er kann sich sicher sein, dass alles in die richtige Richtung läuft.
Symbole: Das Leben wird mit Hilfe einer jungen Frau dargestellt, verschleiert mit einem feinen, roten Stoff (Energie), der den Begriff Bewegung übermittelt, da sie zugleich zu rennen und zu tanzen scheint. In der linken Hand hat sie zwei Stöcke, an den Spitzen befinden sich jeweils Kugeln, rote und blaue, es hat den Anschein, als ob sie, wie der Magier, die Energie des Alls auffangen wollen. Den Lebenslauf stellt die ovale Girlande mit goldenen Bändern dar. Der vierzeilige,

religiöse Vers wird hier durch den Stier des heiligen Lukas dargestellt und weist auf die Erde im Frühjahr hin. Dann kommt der Löwe des heiligen Markus, dessen gelbe und rote Mähne uns an das reinigende Feuer erinnert; ferner der Adler des heiligen Johannes und sein blauer Körper, der Wasser ist; schließlich der Engel des heiligen Matthäus, der von Wolken umringt ist und den Gedanken an Luft vermittelt. Dies ist eine wirkungsvolle Darstellung der vier Elemente, wodurch diese Abbildung am repräsentativsten für vorübergehende Macht ist, die eine hohe Spiritualität bringt.
Zugeordnetes Chakra: AFA, alle Chakren, Bewegung. Erfolgreiche Öffnung, die immer mehr dazu neigt, sich zu entwickeln, aber es gibt noch Fesseln, folglich ist Energieverschwendung möglich.
Dargestellte Personen oder Situationen: Persönlichkeit des öffentlichen Lebens, Tänzer, Sänger, Reisebüro.
Prophetische Bedeutung: Auslandsreise, Bewegung, bleibender Erfolg, Verbreiterung in jeder Bedeutung (auch negativ, zum Beispiel eine Aussaat), mondän (aber auch Geschwätz), Geschrei, Triumph, Verschwendung.

Der Narr

Wert des Arkanums: Neutral.
Art der Energie: Subtil.
Weg des Menschen: Nachdem der Mensch den Weg der Kenntnis gegangen ist, über Liebe, Einsamkeit, Macht, Bewusstsein, Verlust, Sklave seiner Leidenschaften, gestraft für seine Arroganz, ist er jetzt in der Lage, wiedergeboren zu werden. Frei von Ängsten und Fesseln begibt er sich in die Richtung seiner Wahrheit.
Symbole: Sein Platz ist der 22., aber er hat keinen Wert, da er nicht mitzählt. Er gilt als Besessener: In Wirklichkeit sollte er lieber gleichgültig sein, damit er den Schmerz in seiner Wade nicht spürt, in die ihn ein weißer Luchs gebissen hat und damit er in seiner inneren Welt weiterlaufen kann. Er kann sich in die Einsamkeit zurückziehen, weil er jetzt gleichgültig ist und weil er sich nicht um das Urteil anderer kümmert. Er ist ganz anders als der Eremit, der noch seinen Stock gebraucht, um das Gelände abzutasten: Der Narr hat sich vom Stofflichen gelöst und wird subtilere Dimensionen erfahren. Darum hält man ihn für verrückt. Seinen Weg teilt er mit niemandem.
Zugeordnetes Chakra: Siebtes, es besteht Kontakt zu Gott.
Dargestellte Personen oder Situationen: Narr, Philosoph, Anarchist, Glücksspiel, in den Tag hinein leben, die Vergangenheit vergessen.
Prophetische Bedeutung: Unterbewusstsein, Veranlagung zum Medium, schwarze Kunst, Impulsivität, Genie und Zügellosigkeit, Abreise, Oberflächlichkeit, Wahnsinn.

Zusammenfassung der Bedeutung der Großen Geheimnisse

Arkanum	*Symbol für*
I Der Magier	Beginn aller Dinge
II Die Hohepriesterin	Diskretion und Meditation
III Die Herrscherin	Fruchtbarkeit
IV Der Herrscher	Macht
V Der Hierophant	Weisheit
VI Die Liebenden	Konflikt zwischen gut und böse
VII Der Wagen	Triumph
VIII Gerechtigkeit	Gleichgewicht
IX Der Eremit	Vorsicht
X Rad des Schicksals	Unbeständigkeit der Dinge
XI Kraft	spirituelle Kraft
XII Der Gehängte	Aufopferung, Buße
XIII Der Tod	Veränderung
XIV Mäßigkeit	Erwartung
XV Der Teufel	Chaos
XVI Der Turm	Ungleichgewicht
XVII Der Stern	Hoffnung
XVIII Der Mond	Gefahr
XIX Die Sonne	Erfolg
XX Das Gericht	Wiedergeburt
XXI Die Welt	Bekrönung der Anstrengungen
0 Der Narr	Unterbewusstsein

6. Das Erlernen und Deuten des Tarot

“Tarot spricht mit großer Redegewandtheit zu jenen, die es voller Weisheit befragen können”.

(O. Wirth)

Um die Sprache des Tarot begreifen zu können, braucht man sein Gedächtnis nicht zu trainieren, es ist eher so, dass man sich *die symbolischen Bedeutungen aneignet,* die auf den Karten stehen. Abgesehen von der technischen Kenntnis muss man lernen, *die Karten zu fühlen* und weiterzugehen als ihre exakte Bedeutung. Die Karte muss von innen “schwingen”. Um dies zur erreichen, müssen wir uns von moralischen, kulturellen, familiären, schulischen und religiösen Überbauten befreien. Die Karten fordern, dass wir vom dritten zum vierten Chakra gehen, zur Freiheit der Gedanken und zur Wahrheit.
Praktische Erfahrung, Beobachtung und Intuition werden uns helfen. Wir müssen die prophetischen Gaben unseres dritten Auges aktivieren, die Demut des Gedankens und die Nächstenliebe, die von selbst entsteht, wenn das vierte Chakra im Gleichgewicht ist.
Auch wenn wir das Tarot nur betrachten, aktivieren wir unsere Fähigkeit, die Wirklichkeit innerhalb und außerhalb von uns auf eine andere Art zu lesen. Alles ist schon dargestellt, wir brauchen es nur noch herauszuholen: So wird Tarot ein besonderes Mittel. Die erste und wichtigste Regel lautet, dass die Karten *nicht in einen Salon gehören,* da Tarot Tausende von Weisheiten und historische, philosophische, religiöse kabbalistische und chromatische Hinweise enthält. Es ist ein Mittel, das man erlernen, mit dem man arbeiten und das man respektieren muss.
Das “Aktionsprogramm”, das wir ihnen vorschlagen, besteht vor allem aus einem eingehenden Studium der *Symbole* der Großen Arkana, eine neue Sprache, mit der Sie Ihren *energetischen Zustand* beurteilen können, indem Sie Ihre Chakren kontrollieren: Eine alltägliche, einfache Übung, die präventiv wirkt und unser tiefstes Wesen öffnet.
Indem wir mit dem Tarot *meditieren,* der Anfang eines Dialogs, können wir in die rätselhaften Bilder des Tarot vordringen. Sie werden mit Hilfe der neuen Sprache lernen, mit dem Unsichtbaren zu sprechen, mit einer anderen Dimension, die in Symbolen spricht.
Tarot spornt uns an, zu studieren, unsere Essgewohnheiten zu verändern, bringt uns dem Gebet näher und ist ein zusätzliches Mittel, die nötigen *Veränderungen* vorzunehmen und *unser Karma umzuwandeln,* um unserem wirklichen Wesen näher zu kommen: *Unsere Seele.*

Das Deck "Energy-Tarot"

Um die Arbeit zu vereinfachen, haben wir *eigens zu diesem Zweck* ein Kartendeck entworfen: Das *Energy-Tarot.* Es enthält alle Elemente, mit denen wir die schon genannten *Symbole* und *Hinweise* auf die *Chakren* leicht und schnell erlernen können. Es ist ein unentbehrliches *Instrument,* vor allem in der ersten Phase, *beim Erlernen der neuen Sprache,* die Sie auch auf andere Spiele anwenden können.
Das Spiel besteht aus 22 Großen Geheimnissen (Arkana), deren Entwurf auf dem *Marseiller Tarot* basiert, dem wir jedoch wichtige Symbole anderer Spiele hinzugefügt haben. Das Spiel ist das Ergebnis eines jahrelangen Studiums, von Fragen und Kursen mit Teilnehmern aus allen Kulturen und sozialen Schichten und es ist somit eine "erprobte" Bearbeitung der ursprünglichen Quelle.
Die den *Energy-Tarot-Karten* hinzugefügten Elemente sind:

1) links oben *das Symbol des Tao,* das dafür steht, dass eine Karte ein Allgemeiner Führer Arkanum (AFA) ist, das heißt, dass sie mit allen Chakren in Zusammenhang steht;
2) rechts oben in einem Kreis *der Wert des Arkanums,* der mit + (positiv), - (negativ), = (neutral) wieder gegeben wird;
3) *das Energieniveau,* dargestellt durch den schwarzen Teil des Streifens, der aus drei Feldern besteht: Links bedeutet *dichte* Energie, die Mitte *mittlere* Energie und rechts *subtile* Energie;
4) *die sieben Kreise der Chakren* (1CH, 2CH, 3CH...) deren Farbe andeutet, dass sie das Chakra (Chakren) des betreffenden Arkanums sind; *der farbige Hintergrund des Arkanums,* in der Farbe einer der sieben Meister-Chakren, deutet eine der sieben Haupt-Arkana (HA) an.

Dies ist *Ihr* Deck. Merken Sie sich bitte, dass ein Tarotspiel immer neu und noch verpackt sein muss: Das ist sehr wichtig, da es vorher mit keiner einzigen anderen als Ihrer Energie in Berührung kommen darf. Jetzt kommen wir mit dem Deck in Kontakt. Beschäftigen Sie sich jeden Tag mit Ihren Karten, ohne wahrsagen zu wollen, berühren Sie eine Karte nach der anderen, liebkosen Sie die Ränder. So laden Sie das Deck mit Ihrer Energie auf und es kann Ihre Fragen beantworten. Beschützen Sie das Tarot, verhindern Sie, dass Fremde oder Ungläubige Ihre Karten mit negativer Energie verunreinigen: Sie sind von Ihrer Energie durchtränkt und sie sind Ihr Eigentum, *geben Sie sie niemals einem anderen.* Bewahren Sie sie an einer Stelle, die nur Sie kennen.
Jetzt wollen wir erklären, wie das Spiel am besten verwendet werden kann. Mischen Sie die Karten immer mehrmals, die Anzahl ist *ungerade.* Fragen Sie nichts, was anderen schaden oder was indiskret sein kann und stellen Sie die

Fragen *deutlich und eindeutig,* damit das All, durch das Tarot, eine ebenso deutliche Antwort geben kann. Sie brauchen die gleiche Frage nicht zwei Mal zu stellen: Die *erste Antwort* ist die Wahrheit. Ob sie die Karten mit der rechten oder der linken Hand mischen oder ziehen, bleibt sich gleich.
Am wichtigsten ist, dass Sie sich dessen, was Sie tun, bewusst sind. Niemals das Tarot aus einer Laune heraus oder als Zeitvertreib benutzen: Die Karten werden sich auflehnen und sie werden falsche Antworten geben.
Denken Sie daran, die Karten immer abzuheben und zu schauen, welche Karten es sind: Sie sagen etwas über die Bedeutung des allgemeinen, zu Grunde liegenden Geschehens aus. Legen Sie die Karten *verdeckt* aus: Drehen Sie sie erst um, wenn sie alle liegen. Die Bedeutung der Großen Arkana verändert sich nicht, wenn sie auf dem Kopf oder "richtig herum" liegen. Die Großen Arkana haben präzise positive und negative Bedeutungen. Es gibt also positive und negative Arkana und wir brauchen ihre Bedeutung nicht umzukehren. Es schwächt allerdings ihre Bedeutung, wenn sie auf dem Kopf liegen.

Beurteilen sie ein Arkanum *nie allein.* Der Wert hängt von allen Karten ab: Auch das Zusammenspiel der Farben und Figuren ist wichtig. Es ist wie ein Gemälde, das auch als Ganzes beurteilt wird. Die Karten dürfen nur befragt werden, wenn Sie dazu bereit sind, wenn Sie sich hundertprozentig auf Ihr Spiel eingestimmt haben, wenn Sie innen spüren, dass sich etwas bewegt.
Es ist wichtig, dass der Ort, an dem die Befragung stattfindet, sehr ruhig ist: Stille und äußerste Konzentration, eine Kerze und ein brennendes Räucherstäbchen. Das Zimmer sollte nicht zu hell sein, sie sollten keine Musik spielen und es sollten keine anderen Menschen sein, nur Sie selbst und der Fragesteller. Sie können so viel wie mögliche Bücher über das Tarot lesen, aber merken Sie sich, dass Sie Ihren deutenden Schlüssel *nur auf empirische Weise* finden werden: *Die Wahrheit ist nur von Ihnen.*

Tabelle der Zuordnungen von Chakren und Tarotkarten

Haupt-Arkana (Symbol: Farbiger Hintergrund)

Die nachstehende Tabelle führt die Chakren (CH) mit den ihnen zugeordneten Haupt-Arkana (HA) auf. Die Einteilung beruht auf dem symbolischen und archetypischen Inhalt jedes Arkanums, der mit der primären Bedeutung des Chakras übereinstimmt:

Chakra	*Primäre Bedeutung*	*Haupt-Arkanum*	*Symbolischer Inhalt*
7 Gold	universelles Bewusstsein	Mäßigkeit	kontinuierlicher Energiezyklus
6 Violett	spirituelles Bewusstsein	Hohepriesterin	Weisheit, Meditation
5 Blau	Expression, Kreativität	Stern	Hoffnung, Kreativität
4 Grün	Zusammenhänge	Sonne	Yin, Yang
3 Gelb	Kraft, mental	Herrscher	Macht
2 Orange	Fortpflanzung, Emotionen	Herrscherin	Fruchtbarkeit
1 Rot	Überleben	Teufel	Primäre Energie

Wenn das Haupt-Arkanum auf das zugeordnete Chakra fällt, bedeutet dies, dass das Chakra im Gleichgewicht ist und Überfluss produziert.
Es gibt noch andere Beziehungen zwischen Arkana und Chakren, die gleichviel Bedeutung haben, aber die sich auf andere Aspekte des Chakras beziehen:

7. Narr (Kontakt mit dem All), Hierophant oder Papst (Vater, Gott).
6. Kraft (Intuition), Eremit (Reflexion).
5. Wagen (bildende Worte), Gerechtigkeit (Redegewandtheit).
4. Liebende (zusammenleben), Hierophant oder Papst (Ehe).
3. Wagen (Triumph der Macht), Gerechtigkeit (Beherrschung der Macht), Hierophant oder Papst (Tradition).
2. Kraft (weiblich), Wagen (Reisen).
1. Magier (Beginn).

Allgemeiner Führer Arkanum (Symbol: Tao)
Die Allgemeinen Führer Arkana (AFA) enthalten Bedeutungen, die Bezug auf alle Situationen in unserem Leben haben können. Der Tod, der Veränderung bedeutet, kann zum Beispiel alle sieben Chakren charakterisieren.
Es gibt zwei Arten von AFA. Die erste Art ist die der Arkana, die ausschließlich AFA sind und folglich mit allen Bewusstseinsschichten in Zusammenhang stehen, ohne spezifische Bande zu einem Chakra zu haben; die zweite Art steht mit Arkana in Zusammenhang, die darüber hinaus spezifische Bande mit einem oder mehreren Chakren haben.

Ausschließlich AFA für alle Chakren

Rad des Schicksals:	Karmische Effekte.
Tod:	Eine bevorstehende Veränderung, die schon wirksam ist, dessen sich die Person oft jedoch noch nicht bewusst ist.
Turm:	Karmische Entwicklung (affektives oder physisches Trauma, das bevorsteht oder sich in der Kindheit ereignet hat).
Mond:	Die Gefahr liegt in jedem Aspekt des Daseins.
Gericht:	Globale Wiedergeburt, Heilung.
Welt:	Bewegung, Erweiterung des Bewusstseins.
Gehängter:	Energieverlust.

AFA auch für spezifische Chakren (siehe Tabelle HA)

Magier:	Symbol allen Beginns, erstes Chakra.
Liebenden:	Entscheidung, drittes Chakra.
Wagen:	Bewegung, zweites Chakra.
Eremit:	Suche nach Licht, sechstes Chakra.
Kraft:	Intuitive weibliche Energie, sechstes Chakra.
Sonne:	Licht in jedem Chakra, drittes Chakra.

Polarität der Großen Arkana

Der symbolische Inhalt jedes Arkanums stimuliert unsere Fähigkeit, die dargestellte Situation kurz zu beurteilen. Während unserer Kurse sind die Teilnehmer schon in der zweiten Stunde in der Lage, diese Übung zu machen. Zweifelsohne verstehen auch Sie sofort, was die tiefe Bedeutung dieser Tabelle und ihr Vorteil ist. Die *positiven* Arkana geben Gesundheit weiter, Bewegung, Kraft, Klarheit, Erweiterung, Kenntnis, alle Fähigkeiten, die in uns sind. Die *negativ* definierten Arkana, mit Ausnahme des Teufels, wie in der Randnotiz erwähnt, stehen für Energieblockaden, Verlust, Irrtümer, Klatsch, Katastrophen, in die alle immer öfter geraten. Unter Berücksichtigung der doppelten Polarität jedes Arkanums (positiv - negativ) drücken die *neutral* definierten Arkana mit ihrer Symbolik zugleich und auf subtile Weise die doppelte Polarität aus. Mit den Fähigkeiten, die Sie bisher erworben haben, können Sie spüren, wie die Karten mit diesen drei Bedeutungen schwingen.

Positiv (+)	*Neutral (=)*	*Negativ (-)*
Magier	Liebende	Gehängter
Hohepriesterin	Eremit	Teufel*
Herrscherin	Rad des Schicksals	Turm
Herrscher	Tod	Mond
Hierophant	Mäßigkeit	
Wagen	Narr	
Gerechtigkeit		
Kraft		
Stern		
Sonne		
Gericht		
Welt		

* enthält zugleich die positive irdische Energie, die zum Überleben nötig ist.

Energieniveau der Großen Arkana

Das *Energieniveau* des Arkanums ist von doppelter Wichtigkeit, da es nicht nur den Wert der inneren Energie andeutet, sondern auch die Fähigkeit, dieses Energieniveau der untersuchten Situation *weiterzugeben.* Befindet sich beispielsweise ein Arkanum mit dichter Energie in einem subtilen Chakra (Herrscherin im siebten), weist es auf Sexualität und Sensualität hin, in einem Bewusstsein, in dem Spiritualität und Einheit ausgedrückt werden müsste. Außerdem handelt es sich um weibliche Energie, die hier fehl am Platze ist: Die Mutter anstatt des Vaters.
Im Kapitel über die Farben der Chakren haben wir gezeigt, wie Farben sich innerhalb der verschiedenen Bewusstseinsschichten bewegen. Wir verstehen jetzt, wie das Tarot uns am Anfang dieses Weges hilft, auf dem wir unsere subtilsten Fähigkeiten, wie das Hellsehen, wiederfinden werden.

Energie (Symbol: Schwarzer Streifen)		
dicht/stofflich	*mittel/mental*	*subtil/spirituell*
Magier	Herrscher	Hohepriesterin
Herrscherin	Liebende	Hierophant
Rad des Schicksals	Wagen	Eremit
Gehängter	Gerechtigkeit	Kraft
Tod	Sonne	Mäßigkeit
Teufel	Welt	Stern
Turm		Gericht
Mond		Narr

Wir sehen, wie die verschiedenen Arten von Energie, dicht, mittel und subtil - in diesem Spiel mit Hilfe des schwarzen Streifens dargestellt - uns während unserer Reise durch die Chakren helfen, nicht durch das Visualisieren von Farben, sondern durch die Symbole der Großen Arkana, die für immer in unser tiefstes Inneres graviert sind. Eine "Initiation", durch die wir die Arkana immer bei uns tragen können, bereit, mit ihnen zu sprechen, sobald wir das Bedürfnis verspüren und sie befragen wollen. Es ist wohl deutlich, dass die Anwesenheit des Teufels, HA des ersten Chakras, folglich dichte Energie, in den höheren Chakren Unsicherheit und Angst bedeutet, ebenso wie die Anwesenheit von Rot außerhalb seines Bereichs. So kann die Sonne im ersten Chakra (Grün in Rot) die

Möglichkeit ausdrücken, dass man Beziehungen und Liebe dazu gebraucht, um eine Stelle oder eine neue Wohnung zu bekommen, wie wir im Kapitel über die Farben der Chakren gesehen haben.

Einige Überlegungen

Durch ein eingehendes Studium der Symbole des Tarot kann man auch eine Diagnose der physischen und spirituellen Gesundheit stellen. Es ist wichtig, Arkanum für Arkanum eingehend kennen zu lernen, damit man die subtilsten, nützlichsten Hinweise bekommt, um Krankheiten vorzubeugen, komplexe psychologische Krankheitsbilder zu ergründen und die Bedingungen zu schaffen, Überfluss zu erlangen, nicht nur "Geld", sondern auch Liebe, Kreativität und Intuition.

Wir sind den archetypischen Bildern der Großen Arkana dankbar, dass sie unser besonderer Führer und ein unvergleichliches Instrument des Wissens sein wollen und dass wir so die kosmische Energie zu den Chakren, in einem virtuellen Austausch, kanalisieren können.

Sie haben sich jetzt vollkommen auf die Symbole des Tarot eingestimmt und Sie kennen den Inhalt der Chakren. Wenn Sie Ihre Chakren jetzt kontrollieren wollen, genügt ein Blick, um ihren Zustand zu erfassen. Sie können Ihre Chakren auch mit Hilfe der Bewusstwerdungsübung systematisch kontrollieren, so dass sie Sie spontan über Gleichgewicht und Mangel an Gleichgewicht informieren können. Sie können so entscheiden, welche Energieübungen Sie machen müssen und vor allem, was sich verändern muss.

Indem Sie sich selbst helfen, sich zu verändern, helfen Sie auch anderen!

7. Das Deck *Energy-Tarot:* Anweisungen zum Gebrauch

In diesem Teil des Buches lernen Sie die praktische Methode für den Gebrauch des *Energy-Tarot* kennen. Mit ihr können wir in die Wirklichkeit der Chakren der Menschen, die unsere Hilfe fragen, hineingehen und Symbole empfangen, die uns erklären, was sich im Bewusstsein abspielt. Durch die Deutung dieser Symbole können wir die Bedeutung finden, die zu unserer Heilung führt. Wir stellen drei verschiedene Auslagen vor. Jede Auslage entspricht einer bestimmten Ebene der Vertrautheit mit dem Spiel, die man durch Übung erwirbt. Sie werden die symbolischen Botschaften erkennen, da Sie eine *neue Sprache* erlernt haben. Die Tabellen und die dazugehörenden Anweisungen sind von größter Wichtigkeit; Sie finden sie auf den Karten des *Energy-Tarot* in Form von Symbolen und Farben.
Wir illustrieren die Legesysteme anhand wirklicher Situationen von Menschen, die damit einverstanden waren, dass wir ihre Geschichte erzählen. Wir stellen Ihnen *Luise, Elisabeth, Georg, Philipp, Marlene* und *Klara* vor.

Die Suche nach dem karmischen Arkanum

Um eine Person ganzheitlich beurteilen zu können, müssen wir sein karmisches Arkanum feststellen. Dies erreichen wir, indem wir seinen Geburtstag, den Monat und das Jahr nach der theosophischen Methode addieren und subtrahieren. Der letzte Gedanke, den wir in diesem Dasein haben, ist zugleich der erste Gedanke, den wir zur folgenden Reinkarnation mitnehmen; es ist also deutlich, wie wichtig es ist, um mit den Symbolen des karmischen Arkanums zu schauen, welche karmische Schuld wir begleichen müssen. Wenn jedoch unser vorhergehendes Dasein schon genügend entwickelt war, werden wir die angenehme Entdeckung machen, dass dieses Leben nicht mehr so schwierig sein wird. Hierdurch können wir anderen dabei helfen, emporzusteigen.
Wie hilft uns das karmische Arkanum dabei, einen anderen und uns selbst zu verstehen? Es gibt viele verschiedene Möglichkeiten. Am wichtigsten ist, was es symbolisch zeigt: Ob es positiv oder negativ ist, stillsteht oder in Bewegung ist, Licht oder Schatten, Gewinn oder Verlust. Im Zusammenhang mit dem spezifischen Chakra, in dem es erscheint, deutet es an, welche Probleme es auf diesem Bewusstseinsniveau gibt. Dadurch sind wir nicht nur in der Lage, zu verstehen, was los ist, sondern es wird uns auch subtil ein Weg gewiesen, den wir einschla-

gen können, um die Probleme zu lösen. Dieses Arkanum sagt uns etwas über das Wesen unserer heutigen Inkarnation. Außerdem ist es der Punkt, auf den wir uns bei der Meditation über das karmische Arkanum konzentrieren.

Theosophische Berechnung
Luise ist am 16. Dezember 1949 geboren.
Erst addieren wir 1 + 6 + 1 + 2 + 1 + 9 + 4 + 9 = 33
Da dieses Ergebnis größer als 22, also die Anzahl Karten der Großen Arkana ist, müssen wir es erneut addieren: 3 + 3 = 6.
Das karmische Arkanum von Luise ist also 6: *Die Liebenden.*
Es ist wahrscheinlich, dass Luise vor allem Schwierigkeiten hat, Entscheidungen zu treffen. Da die Karte die Liebenden ein Allgemeiner Führer Arkanum (AFA) ist, beeinflusst sie alle Bewusstseinsniveaus beziehungsweise alle Chakren.

Auslage "Vergangenheit - Jetzt - Zukunft"

Um die Karten zu deuten, muss man die folgenden Aspekte berücksichtigen:
- Feststellen, welche zwei Karten aus dem Spiel gezogen wurden;
- Feststellen, wo das karmische Arkanum liegt;
- kontrollieren, ob HA in den beteiligten Chakren sind;
- Feststellen, wo die AFA liegen;
- Die Energieniveaus feststellen.

Zu Anfang können Sie die Tabellen benutzen, allerdings stehen auf jeder Karte Symbole, die dabei helfen, sich einen ersten Eindruck zu verschaffen. Um die karmischen Einflüsse zu verstehen, die als Materie aus vorhergehenden Leben mitgenommen wurden, müssen Sie feststellen, wo die negativen Arkana liegen. Wenn sie vorwiegend in der ersten Reihe liegen, die auf die Vergangenheit hinweist, so bedeutet dies, dass die bewusste Person oder wir selbst schon an Veränderungen gearbeitet haben und darum die karmischen Knoten gelöst haben. Wenn sie im Jetzt liegen, in der zweiten Reihe, so bedeutet dies, dass die negativen karmischen Effekte noch fortdauern: Wir müssen uns klar machen, dass diese Effekte auch in der Zukunft andauern, wenn wir die Botschaft nicht verstehen. Wenn wir überhaupt nichts tun, um uns von diesem Ballast zu befreien, finden wir ihn auch in unseren folgenden Leben wieder. Die dritte Reihe, die sich auf die Zukunft bezieht, ist die verräterischste, da die Zukunft, auch wenn wir sie fürchten, unsichtbar ist, als ob sie nicht zu uns gehört.
Das *Jetzt* ist die *Frucht der Vergangenheit* und kreiert die *Zukunft.* Darum ist die Rolle des Jetzt für die *Harmonie des Menschen* sehr wichtig, ebenso wie der Begriff Bewusstsein *hier und jetzt.* Hier entscheiden wir über die Qualität unseres Lebens.

Vertiefung durch die Auslage "Spiritualität - Chakren - Körperlichkeit"
Wenn negative Arkana im Jetzt und/oder in der Zukunft liegen, müssen wir feststellen, auf welcher Ebene sich der karmische Knoten manifestiert: Auf spiritueller Ebene oder als Teil unserer alten Erfahrungen in einer tieferen Schicht unserer Chakren oder auf körperlicher Ebene. Mischen Sie das Spiel drei- oder fünf Mal (immer eine ungerade Anzahl nehmen), heben Sie ab und merken Sie sich die zwei Karten, die Sie sehen. Danach lassen Sie den anderen aus den 22 Karten wählen oder Sie wählen sie selbst und legen sie nach dem Schema auf der nächsten Seite aus.

Abkürzung der Namen der Arkana

In den nun folgenden Beispielen der Auslagen haben wir die Namen der Großen Arkana abgekürzt. Nachstehend die verwendeten Abkürzungen:

I Der Magier	MAG
II Die Hohepriesterin	HOH
III Die Herrscherin	HIN
IV Der Herrscher	HER
V Der Hierophant	HPH
VI Die Liebenden	LBN
VII Der Wagen	WAG
VIII Gerechtigkeit	GER
IX Der Eremit	ERE
X Rad des Schicksals	RAD
XI Kraft	KRA
XII Der Gehängte	GEH
XIII Der Tod	TOD
XIV Mäßigkeit	MÄS
XV Der Teufel	TEU
XVI Der Turm	TUR
XVII Der Stern	STE
XVIII Der Mond	MON
XIX Die Sonne	SON
XX Das Gericht	GCH
XXI Die Welt	WEL
0 der Narr	NAR

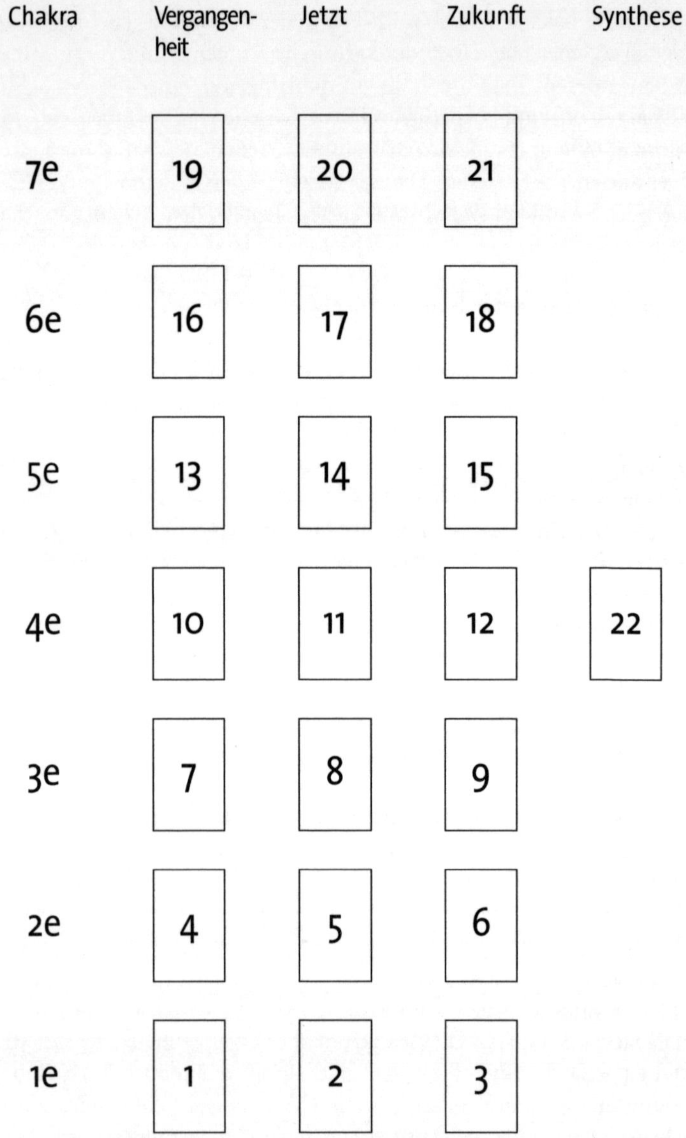

Figur 2 - Schema der Auslage "Vergangenheit - Jetzt - Zukunft".

Deutung von Luises Fall

Auslage "Vergangenheit - Jetzt - Zukunft"

Karmisches Arkanum: Die Liebenden
Gezogene Karten: Mäßigkeit und der Wagen

Chakra	*Vergangenheit*	*Jetzt*	*Zukunft*
7	MAT	LBN	TEU
6	TOD	WAG	WEL
5	HIN	NAR	SON
4	GER	KRA	HER
3	MAG	STE	GEH
2	TUR	HPH	GER
1	MON	RAD	HOH
Synthese	ERE		

Luise ist 49 Jahre alt und ist im berufsbildenden Unterricht tätig. Sie ist nach einer kurzen Ehe geschieden und hat eine Tochter, die jetzt 18 ist. Vor kurzem haben sie und ihr Partner, mit dem sie lange zusammengelebt hat, sich getrennt. Seit einiger Zeit ist sie mit einem Bewusstwerdungsprozess beschäftigt, sowohl in einer Gruppe als auch individuell. Dadurch hat sie Klarheit in sich selbst geschaffen und sie hat unvermutete Qualitäten in sich selbst entdeckt, wodurch sie ihre zweite Scheidung im Alter von 48 Jahren, ein schwieriges Alter für eine Frau, auf eine andere Art und Weise erfahren hat. Sie hat die Rolle der Verliererin, die ihr Leben und ihre Finanzen nicht unter Kontrolle hat, von sich abgeschüttelt und hat entdeckt, dass sie jeder Situation gewachsen ist. Es ist ihr gelungen, ihr Leben anders einzurichten und sie hat viel Gaben aus dem All empfangen, zum Beispiel ein wunderschönes Haus, das sie mühelos bezahlen kann.
Bei den *gezogenen Karten* und in der *Synthese* befinden sich zwei Karten mit subtiler Energie (Mäßigkeit und der Eremit). Die gezogenen Karten zeigen den tiefsten Aspekt einer Situation und es ist interessant, zu bemerken, dass die Hinweise, die sie geben, sich decken: "Stopp und meditiere wenn du Erfolg haben willst". Ferner sehen wir die Mäßigkeit als HA in der Vergangenheit. Dies bestätigt, dass Luise die kosmische Energie erreicht hat, die sie verändert hat. Wir sehen, dass das karmische Arkanum neutral ist und dass Luises heutiges Dasein folglich nicht ernstlich von Schulden aus der Vergangenheit beeinflusst wird. Es befindet sich im siebten Chakra, im Jetzt, und bestätigt, dass Luise sich auf die Einheit ihres Wesens konzentriert, eine der Bedeutungen dieser Bewusstseinsschicht. Sie kann das auf Grund der Art und Weise, wie sie an sich selbst arbeitet, tun.

Was die negativen Arkana betrifft, in der Vergangenheit liegt der Mond im ersten Chakra und der Turm im zweiten, im Jetzt liegt kein negatives Arkanum, und in der Zukunft liegt der Gehängte im dritten Chakra und der Teufel im siebten.
Es ist deutlich, dass Luise sich in diesem Augenblick in einer *günstigen Lebensphase* befindet auf Grund der *großen Veränderungen, die sie verwirklicht hat.* Aber man darf niemals denken, dass man das Ende des Weges erreicht hat: *Unsere Entwicklung darf niemals unterbrochen werden, damit verhindert wird, dass wir in alte Verhaltensmuster zurückfallen.* Im Falle von Luise würde sie in die *bekannten Probleme* zurückfallen, obwohl sie nicht so groß sein würden wie in der Vergangenheit. Dies wird vom Gehängten im dritten und dem Teufel im siebten Chakra bestätigt. Auf körperlicher Ebene ist sie von ihrer schrecklichen Migräne geheilt, aber der Teufel im siebten Chakra besagt, das diese Störung möglicherweise zurückkehren könnte, wenn ihre Aufmerksamkeit nachlässt. Es ist sogar möglich, ein neues Karma zu kreieren, worauf der Gehängte im dritten Chakra hinweist. Offenbar gibt es auch ein Problem mit der Beherrschung weltlicher Macht, angedeutet vom Magier in der Vergangenheit des ersten Chakras, was Anfang und die Verwurzelung in der Materie repräsentiert und Luise findet es offenbar schwierig, darauf zu verzichten.
Um von diesem Charakterzug geheilt zu werden, muss sie stoppen und Licht entzünden, sagt der Eremit an der Stelle der Synthese. Diese spirituelle Ruheperiode wird sehr intensiv sein und sie wird sie einsam machen, sie ist jedoch unentbehrlich, damit Luise versteht, welche Mission sie in diesem Leben hat. Nach einer ersten, allgemeinen Übersicht betrachten wir jetzt den Zustand jedes einzelnen Chakras, um mehr Einsicht zu bekommen.

1. Der *Mond* in der *Vergangenheit* (AFA) bestätigt die unzähligen chaotischen Zustände, die Luise im Hinblick auf ihre Wohnungen erlebt hat. Die Karte deutet auch auf eine konfliktreiche Beziehung zur Mutter hin. Das *Rad des Schicksals* im *Jetzt* zeigt eine deutliche Verbesserung, bestätigt von der *Hohepriesterin* in der *Zukunft.* Wiewohl ihre Energie subtil ist, weist sie deutlich auf beschriebenes Papier, auf Dokumente hin. Luise ist tatsächlich im Begriff, einen Kaufvertrag für ein Haus zu unterzeichnen. Außerdem scheint dieses Chakra auf eine neue, lockerere Beziehung zu ihrer Mutter hinzuweisen.
2. Der *Turm* weist auf ihre Unfähigkeit in der Vergangenheit hin, ihre Emotionen zu beherrschen. Jetzt hat sie ein Arkanum, das nicht an der richtigen Stelle liegt - der Hierophant - dessen exzessive Strenge für dieses Chakra ungeeignet ist, in der Zukunft erleuchtet werden wird durch die Wiedergeburt des Gerichts (AFA).
3. Der *Magier,* das Arkanum der weltlichen Macht, enthüllt, dass Luise in der Vergangenheit ein extremes Bedürfnis hatte, Kontrolle auszuüben, um ein

flüchtiges Gleichgewicht zu finden. Im Jetzt weist die Entwicklung des Arkanums des Sterns auf den Beginn einer Energieblockade hin, eine Folge unzureichender Energie. Luise könnte sich in die Richtung des Gehängten entwickeln, wenn sie in der Zukunft nicht die nötigen Veränderungen realisiert. Nur hoffen (der Stern), dass sich etwas verändert, reicht nicht. *Sie muss es tun!* Zu männlich in der Vergangenheit. Dieses Chakra werden wir mit der nächsten Auslage vertiefen, in der ein negatives Arkanum in der Zukunft liegt.

4. Die *Gerechtigkeit* in der *Vergangenheit* sagt uns etwas über Rechtsanwälte und Scheidungen. Heute bereitet eine neue, sehr weibliche Energie - die Kraft - den Boden für eine neue Liebe: Der *Herrscher* in der *Zukunft*. Nicht schlecht.
5. Die *Herrscherin* in dieser Bewusstseinsschicht sagt genug. Luise ließ ihre Worte von ihren Emotionen abhängen. Sie fand es schwierig, zu sagen, was sie dachte: Typisches Verhalten einer altmodisch eingestellten Frau. Der Narr im Jetzt suggeriert, dass man sich gehen lassen, sich freier fühlen sollte. Die subtile Energie dieses Arkanums verändert die früheren Lasten - früher ist Luise an der Schilddrüse operiert worden - und lässt sie entdecken, wie angenehm es ist, wenn das Wort und der Gedanke im Einklang sind. Die Sonne in der Zukunft bestätigt diese Entwicklung (Gleichgewicht *Yin-Yang*).
6. Der *Tod* steht für das Leugnen der Möglichkeit, dem inneren Gesprächspartner zuzuhören. Zum Glück liegt der *Wagen* (AFA) im *Jetzt*, wenn er auch nur mittlere Energie besitzt, aber da nach ihm in der Zukunft die *Welt* (AFA) kommt, weist er darauf hin, dass die spirituelle Blindheit besiegt wird.
7. Dieses Chakra ist das *rätselhafteste*. Obwohl es in der *Vergangenheit* auf die richtige Weise Energie durch die Mäßigkeit (HA) und das karmische Arkanum im Jetzt empfangen hat, sieht man eine beunruhigende Entwicklung: Der Teufel in der *Zukunft*. Wir werden dieses Chakra im Zusammenhang mit dem dritten beurteilen.

Vertiefung "Spiritualität - Chakren - Körperlichkeit".
Wir machen jetzt mit einer letzten Kontrolle der Chakren weiter, in denen negative Arkana im Jetzt und/oder in der Zukunft liegen. Wir werden sie aus einer anderen Perspektive analysieren und wir werden schauen, ob sich der karmische Knoten in der spirituellen Sphäre befindet, in der Sphäre des Chakras oder im physischen Bereich oder ob er schon entwirrt ist. Diese Kontrolle ist sehr wichtig, da wir wissen, dass drei Jahre verstreichen zwischen der Äußerung des negativen Ereignisses in feinstofflichen Körpern und dem Moment, dass die Symptome im physischen Körper zum Ausdruck kommen. Die wichtigste Vorsorge die es gibt ist darum, dass wir uns selbst kennen. In Luises Fall müssen das dritte und siebte Chakra eingehend untersucht werden.
Legen Sie die Karten aus wie im nachstehenden Schema:

Chakra	Spiritualität	Chakra	Körperlichkeit
7e	4	5	6
3e	1	2	3

Gezogene Karten: Das Gericht und die Herrscherin

Chakra	*Subtil*	*Chakra*	*Physisch*
7*	STE	GCH	HOH
3*	HER	WAG	TUR

* Arkana, die aus der vorhergehenden Auslage stammen.

Sie begreifen sicher, dass sich Luises wirkliches Problem im dritten Chakra befindet. Der Gehängte bedeutet faktisch ein Problem, das sich zur physischen Ebene verlagert hat. Das bedeutet, dass Luise schon wenigstens drei Jahre zum Beispiel ein Magengeschwür, eine Bauchspeicheldrüsenentzündung oder andere Verdauungsbeschwerden entwickelt. Vorschlag: Sofort mit einem Meditationzyklus beginnen. Die Bilder, die sie während der Meditation empfangen wird, bringt sie auf Ideen, die diese wichtige Bewusstseinsschicht wieder ins Gleichgewicht bringen.

Was wir in der vorhergehenden Auslage gesehen haben (das karmische Arkanum im siebten Chakra), gewährleistet ihr jedoch eine kontinuierliche Bewusstwerdung, die den negativen Einfluss des Teufels eliminiert: In diesem Bewusstsein sehen wir eine sehr schöne Zukunft vorher (STE, GCH, HOH).

Deutung von Elisabeths Fall

Auslage "Vergangenheit - Jetzt - Zukunft"

Karmisches Arkanum: Der Eremit
Gezogene Karten: Der Herrscher und der Hierophant

Die gezogenen Karten zeigen eine sehr konkrete Weiblichkeit und eine sehr traditionelle Männlichkeit, die sich uns zufolge nicht in einer emporgerichteten Einheit treffen können.

Chakra	*Vergangenheit*	*Jetzt*	*Zukunft*
7	GCH	HOH	LBN
6	HPH	HIN	MON
5	TEU	ERE	NAR
4	WAG	HER	TUR
3	SON	KRA	GER
2	WEL	RAD	GEH
1	TOD	MAG	STE
Synthese	MÄS		

Elisabeth, 53 Jahre alt, verheiratet und drei Kinder, Übersetzerin, stammt aus wohlhabenden und scheinbar ruhigen Kreisen; ihr Leben wurde lediglich durch die ernste Krankheit eines ihrer Kinder gestört. Dies bewirkte, dass vor einigen Monaten etwas in ihr zerrissen ist, wodurch sie aus ihrer wattierten Lethargie erwacht ist, in der sie jahrelang gelebt hat. Diese Neigung, Situationen andauern zu lassen, wird von ihrem karmischen Arkanum, dem Eremit, bestätigt. Der Eremit steht für eine langsame Entwicklung in der Zeit, die jedoch ein positives Endziel hat, die Suche nach dem Neuen in uns, genau das, was mit Elisabeth geschieht.
In dieser Auslage befindet sich das karmische Arkanum im fünften Chakra des Jetzt. Um die tiefere Bedeutung seiner Symbolik zu verstehen, können wir schauen, was in der Vergangenheit stand, der Teufel und was in der Zukunft erscheint, der Narr. Es ist deutlich, wie wichtig es ist, dass Elisabeth ihre Ausdrucksweise verändert, da der Teufel uns sagt, dass sie in der Vergangenheit die Kontrolle über dasjenige, was sie sagte, verloren hat und laut zu schreien begann. Sie benutzt die karmischen Eigenschaften des Eremits, um das Bewusstsein des fünften Chakras in eine freiere Ausdrucksweise zu verändern, wie vom Narren in der Zukunft bestätigt wird. Wir können sehen, dass der Weg von Elisabeth sehr streng sein muss, da alle anderen negativen Arkana, außer dem Teufel, der in der Vergangenheit liegt, in der Zukunft liegen: Der Gehängte im zweiten Cha-

kra, der Turm im vierten und der Mond im sechsten. Wir werden diese drei Chakren in der nächsten Auslage näher analysieren.
Eine globale Analyse von Elisabeths Chakren zeigt uns, dass das Jetzt am positivsten ist. Wir dürfen uns hiervon nicht irreführen lassen, denn es ist deutlich, dass Elisabeth einen Bewusstwerdungsprozess erlebt, durch den sie in der Zukunft ihre Knoten entwirren kann. Die Vergangenheit von Elisabeth kann suggerieren, dass das Karma, mit dem sie auf die Erde gekommen ist, nicht wirklich negativ war, aber es scheint, als ob sie ein neues Karma kreiert hat. Kein einziges Haupt-Arkanum liegt im richtigen Chakra: Das bedeutet, dass in ihrem Chakrensystem keine Harmonie herrscht. Die dichte Energie der Herrscherin im sechsten Chakra zeigt, dass Elisabeth noch die materiellere Weiblichkeit gebraucht anstatt ihrer Intuition. Der Stern im erste Chakra in der Zukunft gibt dem Alltagsdasein jedoch subtile Energie und macht Hoffnung auf eine kreative Erleichterung ihrer Tage. In den anderen Chakren bewegt sich die Energie ausgeglichen. Die Kraft, subtile Energie, in ihrem dritten Chakra bestätigt Elisabeths Fähigkeit, ihre Weiblichkeit für die Beherrschung der Macht zu gebrauchen. Das siebte Chakra - von subtiler Energie in der Vergangenheit und der Zukunft durchtränkt, mit dem Gericht und der Hohepriesterin - mündet in eine etwas verwirrte Zukunft (die Liebenden). Wir neigen zu der Auffassung, dass Elisabeth ihr Gleichgewicht zurückfinden wird, denn als Synthese sehen wir das Haupt-Arkanum dieses Chakras, die Mäßigkeit: Darum wird das Band mit dem All wiederhergestellt werden.

Vertiefung "Spiritualität - Chakren - Körperlichkeit"
Wir fahren jetzt fort mit der Kontrolle des zweiten, des vierten und des sechsten Chakras aus spiritueller Perspektive, in der Sphäre des Chakras und aus physischer Perspektive, um zu verstehen, woher die Energieblockade in den Bewusstseinsschichten stammt und auf welcher Ebene sie sich befindet.

Gezogene Karten: Die Sonne und die Hohepriesterin

Chakra	*Spirituell*	*Chakra*	*Physisch*
6*	MAG	STE	HOH
4*	MÄS	KRA	GER
2*	HIN	TEU	TOD

* Arkana, die aus der vorhergehenden Auslage stammen.

Im zweiten Chakra deutet der Gehängte in der Zukunft zweifelsohne auf die Menopause hin, die ansteht, da der Tod im physischen Bereich liegt. Die Herr-

scherin im subtilen Bereich, das Haupt-Arkanum dieses Chakras, sagt uns, dass es sich um Frauenprobleme handelt, da ein Hormonsturm im Chakra wütet (der Teufel). Der Turm im vierten Chakra in der Zukunft könnte eine Trennung andeuten, da es keine großen physischen Probleme gibt; im Chakra erscheint die Kraft; die Mäßigkeit im subtilen Bereich erinnert an das Ende einer Beziehung. Eine mögliche Deutung des Mondes im sechsten Chakra ist, dass Elisabeth mit ihrem psychischen Auge die Dinge verzerrt sieht. Das Haupt-Arkanum (die Hohepriesterin), subtile Energie, liegt im physischen Bereich, der Magier hingegen, dichte Energie, liegt im subtilen Bereich.
Zusammenfassend können wir sagen, dass Elisabeths körperliche Gesundheit gut ist und dass sie mit ihrer introspektiven Reise weiterkommen will (und das muss sie auch). Sie muss sich ernsthaft anstrengen, um eine deutliche und eindeutige Meinung zu entwickeln und das Wort und den Gedanken in Einklang zu bringen.

Deutung von Georgs Fall

Auslage "Vergangenheit - Jetzt - Zukunft"
Georg, 28 Jahre alt, verheiratet, keine Kinder, Fahrer, hat vor einigen Monaten ein Kind verloren, das zu früh geboren wurde. Diese Erfahrung hat ihn schwer geprüft und vielleicht ist sie jetzt ein Hindernis für seinen Wunsch, doch Vater zu werden. Er ist sehr mit der Suche nach sich selbst beschäftigt und meditiert jeden Tag. Sein karmisches Arkanum ist das Rad des Schicksals, ein Arkanum, das sichtbar das karmische Rad repräsentiert.

Gezogene Karten: Der Tod und der Herrscher.

Es ist eine große Veränderung im Anzug.

Chakra	*Vergangenheit*	*Jetzt*	*Zukunft*
7	MAG	HIN	ERE
6	MON	HER	KRA
5	TOD	GER	SON
4	LBN	TEU	MÄS
3	GEH	WAG	NAR
2	HPH	GCH	RAD
1	HOH	STE	TUR
Synthese	WEL		

In der Vergangenheit sehen wir den Gehängten im dritten Chakra, was die gezogenen Karten bestätigt: Offenbar kann Georg seine Macht, Kontrolle und Freiheit besser lenken, aber er ist vor allem mit der Neuprogrammierung seines Selbstbildes beschäftigt, das er in dieser Bewusstseinsschicht hatte. Wir können sehen, wie es möglich ist, um - aus einer Verlustsituation heraus, die mit allen Vorurteilen aufräumt - die Schwingung der gezogenen Karte zu verändern (der Tod) und sogar den Herrscher zu ziehen, der das Haupt-Arkanum des dritten Chakras ist. In diesem Fall sagen die gezogenen Karten aus, was die Essenz von Georgs Persönlichkeit ist und sie suggerieren einen Zusammenhang mit dem Gehängten im dritten Chakra.

Diese neue Wirklichkeit im dritten Chakra, die vom Narren in der Zukunft bestätigt wird - absolute Freiheit -, wird die Chakren, die sich in der Nähe befinden, sicherlich positiv beeinflussen, vor allem das zweite, wo das karmische Arkanum in der Zukunft eine Weiterentwicklung von Georgs früherer Auffassung seiner Vaterschaft anzeigt: Vom Hierophanten (Papst) "ich will Vater sein, koste es, was es wolle" - der mit zu viel Kontrolle des dritten Chakras in Zusammenhang gebracht werden muss - richtet sich Georg jetzt auf eine vollkommene, vor allem spirituelle, Erneuerung im Jetzt (das Gericht), die den Knoten in seinem karmischen Arkanum entwirren wird. Der Mond im sechsten Chakra der Vergangenheit beruhigt uns im Hinblick auf Georgs Weg, der seine Männlichkeit (der Herrscher) im Jetzt mit dem Zuviel an Weiblichkeit in der Vergangenheit (der Mond) ins Gleichgewicht bringt und die Zukunft mit der weiblichen, positiven Intuition der Kraft vorbereitet. Mit anderen Worten, er wirkt im subtilen Bereich, um seine Weiblichkeit zu verändern: Von einer finsteren, trügerischen und mehrdeutigen Weiblichkeit (der Mond) zur starken, glaubwürdigen und erleuchtenden Weiblichkeit der Kraft.

Die Gegenwart des Teufels im Jetzt des vierten Chakras kann trügerisch sein, da die Liebenden sich in der Vergangenheit befinden und die Mäßigkeit in der Zukunft und wir wissen, dass seine Beziehung zu seiner Frau sehr gut ist. Welche Bedeutung müssen wir diesem Teufel beimessen? Die Bedeutung basiert auf der Tatsache, dass das grüne Bewusstsein des Herzchakras auf *alle* affektiven Beziehungen hinweist: Kinder, Partner, Nachbarn, Brüder, Kollegen. Da wir spüren, dass das Problem irgendeine andere Ursache hat, finden wir während eines Gesprächs mit Georg heraus, dass er einen abgrundtiefen Konflikt mit seinem Bruder hat. Diese Entwicklung ist sehr interessant, da die Mäßigkeit in der Zukunft zweifelsohne eine Folge der täglichen Meditationen Georgs ist, die ihn so weit bringen werden, dass er seine Wut loslässt. Er wird Vergebung erfahren. Diese neue Erfahrung ist kein Mangel an Liebe, sondern veränderte Liebe.

Georgs fünftes Chakra ist außergewöhnlich, da es einen logischen Weg enthält: Der Tod in der Vergangenheit, der den Wunsch äußert, diese äußerst wichtige

Bewusstseinsschicht zu verändern, die vor allem mit dem Gebrauch des Wortes und der Hinnahme im Zusammenhang steht; die Gerechtigkeit im Jetzt beruhigt uns, denn es ist deutlich, dass Georg schon gelernt hat, dass seine Ausdrucksweise plastisch ist und in der Zukunft wahr sein wird. Die Sonne in der Zukunft bestätigt, dass er demnächst in der Lage sein wird, das Wort und den Gedanken in Einklang zu bringen und so seine Energie zu konzentrieren.
Was das siebte und das erste Chakra betrifft, Georg wird hart arbeiten müssen. Die Herrscherin im Jetzt des siebten Chakras (die Mutter an der Stelle des Vaters, was mit Rot an der Stelle von Violett gleichkommt) deutet einen Ersatz an, der einerseits den Zugang kosmischer Energie schließt und andererseits verhindert, dass seine Wurzeln eindringen. Dies wird durch die Anwesenheit von zwei Arkana mit subtiler Energie im ersten Chakra bestätigt, die Hohepriesterin in der Vergangenheit und des Sterns im Jetzt. Georg steht nicht mit beiden Beinen auf der Erde: Zu viel unzusammenhängende Hoffnung, vor allem mit dem Turm in der Zukunft.
Als wir dies mit Georg tiefer ausschöpfen, werden zwei Probleme deutlich, die mit diesem Chakra zu tun haben: Geld und ein Haus. Die Platzierung einer männlichen Gestalt in der Vergangenheit des siebten Chakras, der Magier, und der Eremit in der Zukunft, wird ihm sicher helfen, das Mütterliche wieder an die richtige Stelle zu bekommen. Die Synthese ist die Welt: Georg ist beruflich immer unterwegs und wird das auch in der Zukunft sein, und zwar erfolgreich.

Vertiefung "Spiritualilät - Chakren - Körperlichkeit"
Wir analysieren das erste und das vierte Chakra, auf Grund der Anwesenheit negativer Arkana im Jetzt und der Zukunft.

Gezogene Karten: Die Sonne und die Liebenden

Chakra	*Spirituell*	*Chakra*	*Physisch*
4*	ERE	HPH	GCH
1*	TOD	RAD	GEH

* Arkana, die aus der vorhergehenden Auslage stammen.

Im ersten Chakra ist glücklicherweise eine Veränderung auf spiritueller Ebene im Gange, die vom karmischen Arkanum im Chakra bestätigt wird, das andeutet, dass alle Anstrengungen Georgs sich auf dieses Chakra konzentrieren: Leider gibt es noch karmische Reste, Ängste, Fesseln und Unsicherheiten, die wahrscheinlich ein neues Karma kreieren werden und die die Ursache des Gehängten auf physischer Ebene sind und Verlust der Gesundheit in dieser Bewusstseins-

schicht bedeuten (Skelett, Eingeweide, Ausscheidungsorgane, Erkältung, schlechte Beziehung zu Nahrung). Georg bestätigt uns, dass ihm schon eine Zeit lang das Rückgrat schmerzt. Es ist notwendig, dass Georg die Situation seines Hauses aus einer anderen Perspektive betrachtet (die Backsteine des Turms!). Der Zustand des vierten Chakras ist ganz anders: Der Eremit auf der spirituellen Ebene wird - schwaches - Licht in Georgs Herz scheinen lassen, da die Gestalt des Hierophanten (oder des segnenden Papstes) in seinem Chakra einen Georg repräsentiert, der verziehen hat. Voller Energie auf der physischen Ebene, da der Engel der Gerechtigkeit die Trompete des Neuerwachens schallen lässt, wodurch eine große Menge grüner Energie über dieses Bewusstsein ausgeschüttet wird.
In der Synthese müsste Georg über sein erstes Chakra meditieren, um Botschaften zu empfangen, mit denen er auch auf dieser Ebene Gleichgewicht und Harmonie finden kann, wie er es auch auf den anderen Ebenen gefunden hat.

Deutung des Falls von Philipp

Auslage "Vergangenheit - Jetzt - Zukunft"
Philipp, 42 Jahre alt, erfolgreicher Rechtsanwalt, geschieden. Er fühlte sich immer "sehr angezogen" von allen ätherischen und metaphysischen Dingen. Er führt ein sehr aktives Leben, hat viele Verabredungen mit Freunden und reist besonders viel. Doch möchte er gerne eine neue, wichtige Beziehung angehen.

Karmisches Arkanum: Der Hierophant
Gezogene Karten: Rad des Schicksals und die Welt

Chakra	*Vergangenheit*	*Jetzt*	*Zukunft*
7	WEL	MAG	GCH
6	GEH	HOH	SON
5	GER	RAD	HIN
4	HER	WAG	ERE
3	TUR	NAR	HPH
2	MON	STE	MÄS
1	KRA	TEU	TOD
Synthese	LBN		

Philipp hat schon einen großen Teil seines Karma getilgt. Es befinden sich drei negative Arkana in seiner Vergangenheit: Der Mond im zweiten Chakra, der Turm im dritten und der Gehängte im sechsten. Wir beginnen mit der Analyse dieser drei Bewusstseinsschichten und sehen, wie hundertprozentig bestätigt

wird, dass der karmische Knoten entwirrt ist. Das Element Wasser im zweiten Chakra ist in der Vergangenheit (Mond), im Jetzt (Stern) und in der Zukunft (Mäßigkeit) stark vertreten. Aber welch Unterschied! Der Teich ist ein stehendes Gewässer, es bewegt sich nicht und es hält die Krabbe gefangen: Blockierte Emotionen. Das Wasser des Sterns hat eine Doppelfunktion: Das Wasser, das aus der rechten Amphore fließt, bringt das Wasser des Teichs in Bewegung und belebt es, indem es ihm Sauerstoff zufügt; das Wasser aus dem linken Krug nährt die Erde. So werden Emotionen über ein Band mit Mutter Erde freigesetzt.
Die Mäßigkeit weist auf eine Bewusstwerdung der eigenen Emotionen und auf eine ausgewogene Beherrschung hin. Hierdurch gerät auch der Bereich der Sensualität und der Sexualität ins Gleichgewicht. Im dritten Chakra zeigt der explodierende Turm, dass Philipp zu einem bestimmten Zeitpunkt nicht mehr weiter wusste. Zu viel Strukturen, zu viel Allgemeinheiten, zu viel Kontrolle und zu wenig Freiheit; Macht als Gefängnis. Jetzt befindet sich Philipp in einer Phase (Narr), die ein wenig seltsam, aber notwendig ist und in der er diese neue Dimension genießt (es ist auch möglich, dass er eine Dummheit begeht), aber der Hierophant, das karmische Arkanum Philipps in der Zukunft, bestätigt, dass er demnächst sein Gleichgewicht finden wird und ein Bezugspunkt für andere sein wird. Er wird seine Macht nicht mehr gebrauchen, um andere herumzukommandieren, sondern seine Macht wird der Zeuge seiner Veränderung sein.
In Gesprächen mit Philipp haben wir entdeckt, dass er schon immer hellseherische Gaben gehabt hat, die natürlich darangegeben wurden, wie der Gehängte im sechsten Chakra der Vergangenheit mitteilt. Anstatt von diesen Gaben, die schon in Bewegung waren, zu profitieren, unterdrückte er sie und kreierte so eine Energieblockade, wodurch er eine große Menge subtiler Energie verlor. Philipp hat eine enorme Veränderung in diesem Bewusstsein erlebt, da im Jetzt die Hohepriesterin, das Haupt-Arkanum, in diesem Chakra liegt. Vollendeter Erfolg also, da dieser Weg im Licht des Sonne, die in der Zukunft liegt, weiterläuft.
Das einzige negative Arkanum, das wir kontrollieren werden, ist der Teufel im Jetzt des ersten Chakras, der Misstrauen erweckt, obwohl er das Haupt-Arkanum ist: Es ist leicht, Tugenden in Fehler zu verwandeln und die Kraft in der Vergangenheit, die in der Zukunft der Tod ist, weist auf die Notwendigkeit einer Veränderung hin. Die Arbeit und die finanzielle Situation sind gut, er hat keine Probleme mit seiner Wohnung und darum kann dieses Arkanum auf eine körperliche Äußerung psychischer Beschwerden oder eine Beziehung zur Mutter, die Abhängigkeiten schafft, hinweisen. Abhängigkeit von der Mutter generiert andere Abhängigkeit. Aber bei Philipp liegt das Arkanum der Veränderung in der Zukunft (der Tod) und er wird es wohl schaffen.
Philipp muss noch eine Zeit lang warten, bis er seine Zwillingsseele findet. In diesem Augenblick hat er viel Erfolg beim anderen Geschlecht (Wagen), ebenso

wie in der Vergangenheit (Herrscher). Aber bevor er die wahre Liebe findet, ist noch eine Veränderung nötig. Der Eremit in der Zukunft zeigt, dass Philipp sich einer Selbstbetrachtung unterzieht, wodurch er erst lernt, sich selbst zu lieben. Die Synthesenkarte bestätigt, dass er dann in der Lage sein wird, sich für die Liebe zu entscheiden (die Liebenden). Das fünfte Chakra ist das Chakra der Redner und der Anwälte: Die Gerechtigkeit in der Vergangenheit bestätigt, dass Philipps Arbeit in karmischer Hinsicht die richtige für ihn ist.
Das Rad des Schicksals im Jetzt sagt aus, dass Philipp sich gut verbal ausdrücken kann, wobei er stets mehr an seine weibliche Seite appelliert (Herrscherin in der Zukunft). Im siebten Chakra bringt der Magier im Jetzt die Vaterfigur an die richtige Stelle. Die Welt in der Vergangenheit weist auf einen etwas verschwenderischen Philipp hin, aber das Gericht in der Zukunft versichert, dass das Band zum All, bereits durch den Magier vertreten, vollkommen sein wird.

Vertiefung "Spiritualität - Chakren - Körperlichkeit"
Wir schöpfen nur Philipps erstes Chakra tiefer aus, um zu sehen, ob der Teufel auf eine gesunde und vitale, irdische Energie hinweist oder irgendein Problem verbirgt.

Gezogene Karten: Die Sonne und der Mond

Chakra	*Spirituell*	*Chakra*	*Physisch*
1	KRA	HER	GEH

Die Kraft, die schon in der Vergangenheit anwesend war, sehen wir jetzt auf spiritueller Ebene; der Herrscher im Chakra weist auf einen Kampf zwischen Männlichkeit und Weiblichkeit hin (Kraft), wie die gezogenen Karten die Sonne und der Mond vorweggenommen haben. Eine plausible Erklärung ist, dass die noch nicht gelöste Beziehung zu seiner Mutter eine Art physische Abhängigkeit schafft: Der Gehängte auf physischer Ebene bestätigt die Vermutung, die der Teufel schon andeutete.
Kurzum, Philipp muss diesem Bewusstsein viel Aufmerksamkeit schenken, da Energieverschwendung auf dieser Ebene verhindert, dass das gesamte Chakren-System die richtigen Stimulanzen bekommt. Er sollte also der Notwendigkeit guter Fundamente Aufmerksamkeit schenken, welche die Wurzeln sind, sonst könnte das Haus einstürzen.

8. Die einfache Auslage

Wir schlagen vor, dass Sie diese Auslage, die mit nur einer Karte pro Chakra arbeitet, nur anwenden, wenn Sie das Spiel genügend beherrschen und die symbolischen Botschaften des Tarot deutlich zu spüren beginnen. Sie müssen bei der einfachen Auslage mit Hilfe eines einzigen Arkanums begreifen, ob sich das Problem auf die Vergangenheit, das Jetzt oder die Zukunft bezieht und ob es sich auf der subtilen Ebene, im körperlichen Bereich oder dem des Chakras befindet.
Dieses Legeschema ist sehr faszinierend, weil es Sie über die subtilen Körper mit dem tiefsten Bereich der Chakren in Kontakt bringt und folglich mit dem All. Es ist auch die Basis des Meditationsprogramms, das später behandelt wird.
Damit jedes Chakra die gleiche Chance hat, sollte man am besten alle 22 Karten der Großen Arkana benutzen. Das Spiel wird zu Anfang abgehoben und danach für jedes Chakra gemischt, wobei geprüft wird, welches Arkanum in jedem Chakra liegt. Wenn die sieben Karten gewählt sind, müssen Sie sie gemäß der Anweisungen und des Schemas auslegen. Hier entspricht die Reihenfolge der Karten ihrer Nummer: Nummer 1 entspricht dem ersten Chakra, Nummer 2 dem zweiten usw.

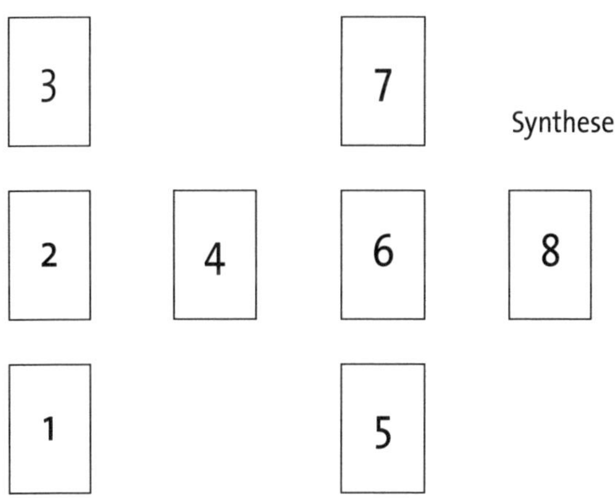

Die einfache Auslage

Marlenes Fall

Gezogene Karten: Der Stern und der Teufel

Chakra	*Arkanum*
7	HPH
6	WAG
5	TEU
4	MÄS
3	WEL
2	ERE
1	STE
Synthese	TOD

Marlene ist eine 48-jährige Journalistin. Sie ist geschieden, kinderlos und sie hat angefangen, eine neue Wirklichkeit zu untersuchen. Der Stern mit subtiler Energie im ersten Chakra ist ein positives Zeichen bereits erreichten materiellen Wohlstandes, wodurch sich dieses Bewusstsein in etwas sehr Angenehmes und Positives verwandeln kann, wie die Stimulanz eines kreativen Hobbys.
Wir spüren, dass Marlene ihren Weg der Kenntnis schon eingeschlagen hat, denn der Stern im ersten Chakra lässt sie aus der Verbundenheit mit der Materie und dem Überlebenskampf emporsteigen.
Der Eremit im zweiten Chakra, Karte der Verlangsamung und Spiritualität, hat einen doppelten Wert: Physisch, in dem Sinne, dass sie die Menopause ankündigt; und spirituell in dem Sinne, dass sie eine Loslösung von sexuellen Begierden ankündigt, was für den Weg, den Marlene eingeschlagen hat, von Nutzen ist.
Die Welt im dritten Chakra, Arkanum der Erweiterung und Bewegung, bestätigt den Inhalt der zwei ersten Chakren. Außer ihrer Loslösung vom Mentalen hat Marlene eine positive Beherrschung ihrer Bewusstseinsschichten, in diesem Fall Macht, Kontrolle und Freiheit. Die Mäßigkeit im vierten Chakra bestätigt die spirituelle Expansion dieser Person. Einerseits könnte diese Karte eine gewisse Verschlossenheit andeuten, aber andererseits beruhigt sie uns, da ihr charakteristisches kosmisches Fluidum seine wohl tuenden Gaben vergibt und Marlene auf die universelle Liebe ausrichtet. Marlene hat gelernt, auf die richtige Art und Weise zu lieben.
Der Teufel im fünften Chakra warnt uns. Marlene erzählt, dass sie durch ihre Arbeit als Journalistin oft in Schwierigkeiten gerät, da sie dazu gezwungen wird, sowohl geschriebene als auch gesprochene Wörter zu gebrauchen, um Lügen zu erzählen.
Sechstes Chakra: Der Wagen. Sie hat keine Angst vor dem, was sie sieht und beginnt diese Gaben zu gebrauchen, die ihr sehr viel Kraft geben. Man sieht auch

in diesem Fall einen Umschwung der energetischen Konsistenz, da der Wagen die höchste Energie im dritten Chakra ausdrückt, wodurch dieses subtile Bewusstsein etwas schwer wird, was durch den Hierophant im siebten Chakra bestätigt wird. Marlene ist noch auf der Suche nach einem Meister, da sie noch nicht genügend akzeptiert, dass auch dies ihre Dimension ist, wie alle Erfahrungen, die mit ihr zu tun haben.
Das Synthese-Arkanum: Der Tod im Sinne von Veränderung. Um ihren Bewusstwerdungsprozess voranzutreiben, muss Marlene einige Verhaltensweisen verändern, vor allem die Art und Weise, wie sie mit ihrer Arbeit umgeht. Der Teufel im fünften Chakra zeigt, dass es noch zu viel Fesseln gibt, was Verzögerung zur Folge hat. In physischer Hinsicht gibt es keine Probleme, abgesehen von ihrem Hals, der zu Entzündungen neigt, wenn sich nicht schnell etwas ändert.

Der Fall von Klara

Klara, eine 19-jährige Studentin und künftige Schauspielerin, hatte große Probleme in der Familie. Am schmerzlichsten war für sie, dass sie ihren Vater fast fünf Jahre nicht gesehen hat. Als sie ihren Vater aus eigenem Antrieb besuchte, war sie leider sehr verbittert, so dass sie Streit bekamen. Danach ist Klara in sich gegangen und zeigte großes Vertrauen in das All, wodurch sie ihre eigenen Projekte entwickeln und an sich selbst glauben konnte. Jetzt studiert sie an einer Theaterschule.

Karmisches Arkanum: Die Herrscherin
Gezogene Karten: Der Herrscher und der Turm

Chakra	*Arkanum*
7	TUR
6	TEU
5	HPH
4	KRA
3	NAR
2	GER
1	WAG
Synthese	MÄS

Der Zustand von Klaras siebten Chakra zeigt, dass der Schmerz wegen dem Abstand zum Vater noch da ist: Das Arkanum vom Turm, negative Energie in Bewegung, drückt aus, wie aktuell das Problem ist. Auch das sechste Chakra wird dadurch negativ beeinflusst. Der Teufel besagt, das sie "rot sieht", typisch für Wut.

Das kreative Denken leidet schwer darunter: Klara hat kein klares Bild mehr von der Situation. Das Leiden der spirituellem Chakren sollte sie nicht pessimistisch stimmen, da die niedrigeren Chakren gut entwickelt sind und Klara diese Bewusstseinsschichten als positiv erfährt. Das spiegelt die Entwicklung eines Individuums zu Reife, zu Bewusstsein und Gleichgewicht wider. Mit anderen Worten, Klara erfährt, dass sie von ihren eigenen Wurzeln ausgehen muss, um sich selbst zu erkennen. Es würde viel schlimmer sein, wenn die tieferen Chakren diese Probleme hätten.

Dies wird von den Arkana im ersten bis fünften Chakra bestätigt, die wir jetzt beurteilen wollen. Sie gehören zum Stofflichen und sind mit den fünf Elementen verbunden. Psychophysische Aktivitäten, Bedürfnisse und Wünsche sind von diesen Chakren abhängig, wenn man diese Bewusstseinsschichten also von klein auf erfährt, so bedeutet dies, dass man die fünf Elemente erfährt, um so das Ziel zu erreichen: Die Vereinigung von Körper, Geist und Seele.

Der Wagen im ersten Chakra ist die Bestätigung von Klaras neuer Wirklichkeit, die aktiv im neuen Haus mitgeholfen hat, in das sie mit ihrer Mutter eingezogen ist. Im zweiten Chakra weist die Gerechtigkeit auf eine gewisse Rigidität hin, was mit ihrer Jugend zusammenhängt. Der Magier im dritten Chakra ist ein großer Erfolg für Klara, die zu Unstetigkeit und dem Entfliehen der Wirklichkeit neigte: Die Füße des Magiers stehen fest auf der Erde und helfen ihr, besser mit ihrer Macht, ihrer Freiheit und ihrem Geist umzugehen. Die Kraft im vierten Chakra bietet eine weite spirituelle Öffnung, die einem gut entwickelten dritten Chakra entstammt.

Die Gerechtigkeit im zweiten Chakra und die Kraft im vierten, zwei Gestalten einer ziemlich kalten und zurückhaltenden Weiblichkeit, werden sich laut karmischem Arkanum zur lebendigeren, konkreteren und stofflicheren Weiblichkeit der Herrscherin entwickeln. In den nächsten Jahren wird Klara sich zu einer starken Frau entwickeln, die allen Aspekten ihres Seins gewachsen ist, wenn sie sich selbst nicht aus dem Auge verliert. Wir begeben uns jetzt zum fünften Chakra, das für eine künftige Schauspielerin grundlegend ist. Der Weg, den sie gehen muss, ist lang, aber Klara hat einen sehr guten Lehrer, was vom Hierophanten bestätigt wird.

Aus physischer Sicht können wir feststellen, dass sie im sechsten und siebten Chakra Probleme bekommen könnte, da sie schon lange Zeit, auf Grund ihrer Beziehung zum Vater, unter den negativen Schwingungen leiden. Aber das Synthese-Arkanum, die Mäßigkeit, das Haupt-Arkanum des siebten Chakras, bestätigt, dass die Blockade beseitigt wird und die kosmische Energie vollendet in ihr fließen und so auch das sechste Chakra heilen wird. Es ist wahrscheinlich, dass Klara nicht körperlich krank werden wird, dank ihrer spirituellen Arbeit an sich selbst.

9. Meditationen

"Es gibt drei Phasen der Meditation. Die Erste ist die Konzentration, in der derjenige, der meditiert, sich seiner selbst noch bewusst ist. Dann folgt die Betrachtung, die steht, wo der Geist sich in die gute Richtung begibt, das Bewusstsein über den eigenen Körper zu verlieren beginnt und etwas anderes gewahr wird (die anderen Körper werden erleuchtet). Wenn die Betrachtung tiefer wird, beginnt die Meditation, ohne besondere Anstrengung oder Willenskraft; sie steht über dem Sinnlichen".

(Sai Baba)

Die Kraft der Spiritualität ist unerklärlich und unendlich. Sie kann ein Tier in einen Menschen verwandeln und einen Menschen in ein göttliches Wesen. Die Wege der Spiritualität haben sich entwickelt, um Individuen vom Menschlichen zum Göttlichen emporsteigen zu lassen. In der letzten Zeit haben wir diesen wichtigen Teil unserer Entwicklung völlig vergessen. Wir haben zwar versucht, alles zu verstehen und taten unser Möglichstes, verschiedene Lehrmethoden zu erwerben, jedoch stets aus wissenschaftlicher Sicht. Wissenschaftliche Kenntnis ist wertvoll und nützlich für Ereignisse, die sich um uns herum abspielen, in der Zeit und im Raum, aber beziehen sich nur auf die physischen Aspekte des Lebens.

Wir müssen die unsichtbare Dimension in der sichtbaren Welt zurückerobern, um unsere eigene Wahrheit zurückzugewinen, denn wir können die unsichtbaren Ursachen des Sichtbaren nicht sehen.

Das spirituelle Leben ist eine große Wissenschaft, die wirkliche Wissenschaft der Menschheit, die Wissenschaft der Wahrheit.[1]

Wie können wir in diese unsichtbare Dimension eintreten? Der Traum ist die unwillkürliche Art, Meditation hingegen ist eine bewusste Übung, um unser Bewusstsein zu erweitern. Es gibt unzählige Methoden der Meditation: Man kann mit OM meditieren, man kann transzendental meditieren, Kundalini, Nadabrama, aber das Ziel einer jeden Meditation ist es, den Geist zu entleeren, um die Einheit und das All zu erreichen. Dies wurde in der asiatischen Kultur vollendet, in der diese sehr alten Techniken entstanden sind, die die Asiaten gewöhnt sind anzuwenden. Für uns westliche Menschen verhält es sich anders. Sowohl die Praktik als auch das Ziel der Meditation sollten unserer Kultur angeglichen werden, wenn wir bedeutungsvolle Resultate erzielen wollen.

Am Anfang ist es für uns westlichen Menschen vor allem sehr schwierig, unsere Gedanken abzuschalten. Darum müssen alternative Methoden für Einsteiger entwickelt werden. In unserem Kursus bieten wir zwei "begleitete" Meditationen an: Die Erste, um das Herzchakra durch Selbstinitiation zu öffnen, wobei nur die

Worte des Begleiter verwendet werden und die Zweite, die wir hier beschreiben, die mit den Arkana des *Energy-Tarot* durchgeführt werden kann. In diesem Fall sind die Symbole des Tarot Ihre "Begleiter": Sie sind nicht allein während Ihrer Meditation, sondern werden von Symbolen begleitet, die außerhalb von Ihnen zu stehen scheinen, auf den Karten, die in Wirklichkeit jedoch ein Projektion dessen sind, was Sie noch nicht als etwas von Ihnen zu erkennen gelernt haben, was in Ihnen lebt.

Sie haben schon gelernt, die Symbole der 22 Großen Arkana zu erkennen und Sie haben Ihr "Hellsehen" schon reaktiviert. Jetzt führen wir Sie durch ein Meditationsprogramm, mit dem umherschweifende Gedanken von Symbolen unterstützt werden, die Sie schon kennen. Wir entdeckten während der Kurse, Meditationen und Treffen, die wir in der letzten Zeit begleitet haben, dass das Tarot eine wichtige didaktische Rolle spielt. Vor allem während der Meditation hilft die Möglichkeit, über ein fest umrissenes Bild voller Schwingungen zu verfügen, bei der maximalen Beschleunigung des Bewusstwerdungsprozesses.

Dies geschieht auf zweierlei Weise: Wir beginnen mit der *Spiegelung* in einer Perspektive gekreuzter Outfadings, vom karmischen Arkanum ausgehend, wodurch wir, wie Alice im Wunderland, in uns selbst hinabsteigen können, uns selbst sehen und erkennen können und uns auf diese Weise mit diesem unsichtbaren Teil vereinigen. Der zweite Schritt ist eine Spiegelung in einer Umgebung, die ein wichtiges Zentrum psychischer Energie ist, wie ein *Mandala*, wo der dargestellte Makrokosmos zugleich eine Widerspiegelung des Mikrokosmos der Energie desjenigen ist, der meditiert. "Mandala" bedeutet "Kreis" und in der asiatischen Tradition stellt es die Kosmologie mit symbolischen Diagrammen dar, die in der Meditation verwendet werden. Es hilft uns, nicht von der Welt und beim Eintritt in die innerste Struktur des Kosmos abgelenkt zu werden. Aber die Ikonografie der Mandalas ist für uns westliche Menschen nicht erkennbar, da wir ihre Göttlichkeit und ihre Symbolik nicht kennen. Wir sind der Meinung, dass die Meditation mit solchen unerkennbaren Strukturen zu einem Prozess der Intellektualisierung führen kann statt zu geistiger Befreiung, das entgegengesetzte dessen, was wir mit der Meditation beabsichtigen.

Die Arkana des Tarot hingegen haben eine uns bekannte Symbolik, weil sie westlich sind. So können sie unmittelbar das Zentrum unserer Seele erreichen: Nur so werden wir nicht abgelenkt.

Kurz gefasst: Die 22 Großen Arkana können als 22 Mandalas gelten. Diese Symbole sorgen nicht für eine Leere in uns, sondern aktivieren unser kreatives Denken, das uns beim Finden unseres wirklichen Projekts hilft, wobei wir dies nicht mit unechten Wünschen verwechseln dürfen. Darum müssen wir asiatische Techniken mit westlichen Zielsetzungen mengen: Eine Erweiterung des Bewusstseins, das zu unwiderlegbaren Verbesserungen führen wird, ohne dass die Me-

ditation als ein Wundermittel oder ein Schmerzmittel gegen Kopfweh begriffen wird.
Die Symbolik des Tarot, die Teil unserer Kultur ist, erleichtert die Meditation und konzentriert die Energie, wodurch die spirituelle Heilung schneller vorangehen kann.

Vorschläge für Meditationen mit dem "Energy-Tarot"

Versuchen Sie, in ihrem Haus eine Stelle zu finden, an der Sie sich spirituellen Tätigkeiten widmen können, zum Beispiel der Meditation. Es ist wichtig, dass die Stelle, an der Sie meditieren, eine "spezielle" Stelle ist, nicht nur ruhig, denn sie wird Tag für Tag mit Ihrer psychischen Energie bereichert werden. Hier können Sie leichter in Schwingung mit der anderen Dimension kommen.
Sie können zu jedem Zeitpunkt des Tages meditieren, aber morgens früh ist der beste Moment für diese Art Aktivitäten, wenn die Energie noch so frisch wie die Luft ist und noch nicht von menschlichen Erfahrungen konsumiert wird. Versuchen Sie auch, Ihren Magen nicht zu überladen: Hierdurch würde der Meditation Energie für die Verdauung entzogen werden! Sorgen Sie dafür, dass nichts und niemand Sie stört: Ziehen Sie den Telefonstecker heraus, zünden Sie Weihrauch und eine Kerze an. Das Meditationsprogramm muss genau, diszipliniert und konstant sein: Nur so kann man therapeutische Resultate erreichen. Eine Viertelstunde Meditation täglich ist das Minimum.
Die Körperhaltung und die Stellung der Augen während der Meditation sind sehr wichtig. Setzen Sie sich auf einen Stuhl, der Rücken ist gerade, so dass Sie auch eine "körperliche" Verbindung zwischen Ihren Chakren spüren. Wir raten davon ab, Ihre Augen gänzlich zu öffnen, weil Sie sonst von den Dingen, die Sie umgeben, zu sehr abgelenkt werden: Schließen Sie sie halb. So können Sie sich auf die Karten konzentrieren, die von der Kerze beleuchtet werden.
Wir raten Ihnen, *immer* beim *Licht einer Kerze* zu meditieren, die alles und jedes mit göttlichem Licht bescheint, also auch Sie: Licht verscheucht die Finsternis.
Die Kerze enthält die vier Elemente: Das feste Wachs stellt die Erde dar, das geschmolzene Wachs das Wasser, die Flamme das Feuer und die Luft wird von der Kerze gereinigt. Die Kerze hilft uns, Licht zu machen und beschützt uns auf unseren "Reisen" während der Meditation.
Auch die Wahl der Farbe der Kerze ist wichtig: Wir raten Ihnen eine Farbe, die zu Ihrem Sternbild passt. Sie können eine Farbe wählen, die mit Ihrem Sternbild übereinstimmt: Wenn Sie keine eigene Farbe haben, können Sie jedoch auch eine weiße Kerze nehmen, die rechts neben den Karten brennen muss. Zum Anstecken der Kerze nehmen Sie am besten hölzerne Streichhölzer und Sie löschen die Kerze am besten mit einem kleinen Glas.

Die Farbe der Kerzen	
Sternbild	*Farbe*
Widder	Hellrot
Stier	Hellgrün
Zwillinge	Gelb
Krebs	Weiß
Lowe	Orange
Jungfrau	Hellbraun
Waage	Rosa
Skorpion	Grau, silbern
Schütze	Purpur
Steinbock	Dunkelgrün
Wassermann	Blau
Fische	Blaugrün, Mauve

Meditation mit dem karmischen Arkanum

Die erste Meditation, mit der wir Sie bekannt machen, ist eine Betrachtung des eigenen karmischen Arkanums.

Beginnen Sie damit, dass Sie ruhig sitzen, mit der Karte in der Hand oder vor Ihnen, die brennende Kerze steht an der rechten Seite. Betrachten Sie die Abbildung und versuchen Sie sie in Ihrem Unbewussten zu sehen, ohne etwas zu erzwingen. Diese Visualisierung kann anfangs schwierig sein, aber Übung macht den Meister.

Sie können die Visualisierung mit Ihren anderen Sinnen unterstützen, zum Beispiel indem Sie die Bilder mit Düften assoziieren, einem Gefühl der Wärme oder Kälte oder indem Sie ihnen zuhören. Sie werden merken, dass es schnell ein natürliches Gefühl wird, in sich selbst zu schauen. Es wird den Anschein haben, als ob sich die Karte zu bewegen beginnt und in dem Moment beginnt sich *auch die Energie in Ihrem Inneren zu bewegen:* So aktivieren Sie die Energie, genauso wie ein Mandala und sie wird eine unerschöpfliche Quelle kosmischer Energie sein, durch die Sie an der Harmonie des Alls teilnehmen können.

Die Bilder, die Sie finden, sind sehr wichtig, um das Wesen Ihres Seins zu verstehen und sie werden deutliche Hinweise geben. Jetzt ist Ihr Geist gereinigt: Während der Meditation werden all Ihre Chakren in Harmonie versetzt und die Energie fließt in Ihre Aura, wodurch sie stärker wird und ein Veränderungsprozess beginnt. In Einsamkeit meditieren hilft nicht nur demjenigen, der meditiert: Die freigesetzte spirituellen Schwingungen helfen auch den anderen, da sie sich auch außerhalb von uns bewegen und in die ganze Welt fließen.
Um einen Prozess der Kenntnis und Heilung zu aktivieren, ist es notwendig, die Übung, die wir vorschlagen, mindestens sieben aufeinander folgende Tage zu machen.
Nach dieser Periode der Übung von Visualisierung, Betrachtung und Meditation über das karmische Arkanum werden Sie merken, dass das Bild in Ihnen sich erheblich verändert hat. Sie werden sich unendlich viel sicherer fühlen und Sie sind den nächsten Abenteuern gewachsen.
Beginnen Sie mit diesem ersten Zyklus von einer Woche, wonach noch drei folgen werden.

Meditationsprogramm

Nachdem Sie an mindestens sieben Tagen über Ihr karmisches Arkanum meditiert haben, Können Sie sich an ein neues Projekt einer drei Wochen dauernden Meditation heranwagen:

Erste Woche	Zweite Woche	Dritte Woche
Das Visualisieren der sieben Haupt-Arkana im Zusammenhang mit den sieben Meister-Chakren.	Die einfache Auslage machen und die sieben Arkana, die vorkommen, in Beziehung zu den sieben Meister-Chakren visualisieren.	Visualisieren der sieben Haupt-Arkana und der sieben Arkana, die in der einfachen Auslage der zweiten Woche vorgekommen sind.

Die *erste Meditation* schenkt Ihnen ein intensives Verständnis des "idealen Inhalts" der Chakren *indem Sie sie über die Bilder* der sieben Haupt-Arkana erleben.

Die *zweite Meditation* über die sieben Arkana, die aus der einfachen Auslage stammen im Zusammenhang mit Ihren sieben Chakren *wird Sie in Kontakt bringen* mit dem wirklichen Inhalt Ihrer Chakren zu diesem Zeitpunkt.

Die *dritte Meditation* bewirkt, dass Sie die Entwicklungsphase jedes Chakras verstehen, indem Sie dasjenige, was die Chakren "enthalten müssten" mit demjenigen, was sie gefunden haben, vergleichen. Dies öffnet Türen zum *wirklichen Verständnis* Ihrer selbst. Durch die Botschaft, die die Symbole Ihnen durchgeben, verstehen Sie, was Sie in Ihrem Dasein verändern müssen, um geheilt zu werden.

An die Arbeit!

Erste Meditation (7 Tage)

Nachfolgend die Meditation über die sieben Haupt-Arkana im Zusammenhang mit den sieben Meister-Chakren.

erster Tag	erstes Chakra	Teufel
zweiter Tag	zweites Chakra	Herrscherin
dritter Tag	drittes Chakra	Herrscher
vierter Tag	viertes Chakra	Sonne
fünfter Tag	fünftes Chakra	Stern
sechster Tag	sechstes Chakra	Hohepriesterin
siebter Tag	siebtes Chakra	Mäßigkeit

Zweite Meditation (7 Tage)

Dank der vorhergehenden Meditationen haben wir jetzt verstanden, was der Inhalt unserer Bewusstseinsschichten-Chakren sein sollte. Mit dieser Meditation, die auf den Arkana basiert, die aus der Auslage für jedes der sieben Chakren stammen, können wir beurteilen, was wir in Wirklichkeit gefunden haben. Legen Sie darum am ersten Tag die einfache Auslage für sich selbst und meditieren Sie nach dem nachstehenden Schema, in dem wir als Beispiel Marlenes Karten genommen haben.

erster Tag	erstes Chakra	Stern
zweiter Tag	zweites Chakra	Eremit
dritter Tag	drittes Chakra	Welt
vierter Tag	viertes Chakra	Mäßigkeit
fünfter Tag	fünftes Chakra	Teufel
sechster Tag	sechstes Chakra	Wagen
siebter Tag	siebtes Chakra	Hierophant

Dritte Meditation (7 Tage)

In dieser letzten Phase sind Sie schon im Empfangen von Signalen bewandert, die Ihnen die Symbole und das Licht durchgeben. Es ist die abrundende Phase der Arbeit, in der es “mit einem Blick” möglich ist, eventuelles Ungleichgewicht in Ihren Bewusstseinsschichten zu verstehen und sofort zu begreifen, was die schnellste und geeignetste Lösung ist, um das *Chakra-System in Harmonie zu versetzen,* so dass *keine Energieblockaden entstehen* und *keine Energie verloren geht.* Dies ist möglich, wenn Sie die sieben Haupt-Arkana und die sieben Arkana, die Ihre Wirklichkeit widerspiegeln - in dem Moment, in dem Sie die Kontrolle für die zweite Meditation ausführten - nebeneinander auf den Tisch legen.

erster Tag	erstes Chakra	Teufel	Stern
zweiter Tag	zweites Chakra	Herrscherin	Eremit
dritter Tag	drittes Chakra	Herrscher	Welt
vierter Tag	viertes Chakra	Sonne	Mäßigkeit
fünfter Tag	fünftes Chakra	Stern	Teufel
sechster Tag	sechstes Chakra	Hohepriesterin	Wagen
siebter Tag	siebtes Chakra	Mäßigkeit	Hierophant

Schlussfolgerung

Das Ende unserer Reise, auf der wir die Symbolik des Tarot gebraucht haben, nähert sich. Wir haben viel geruht und unbekannte und vor allem abstrakte Gebiete besucht. Wir gingen in die Energie hinein, auch mit unserem Geist, wir haben sie gespürt. Wir haben "gesehen", wann, wie und wo Energieblockaden entstehen. Wir sind wieder weiter in Richtung der Unsterblichkeit gegangen, indem wir die kosmischen Gesetze des Karma und der Reinkarnation akzeptieren. Das Tarot war eine Brücke, die uns dabei geholfen hat, zu verstehen, wie Träume und Gedanken miteinander verbunden sind. In bestimmten Momenten, wenn wir innehielten, um in den Spiegel unseres karmischen Arkanums zu blicken, erkannten wir uns selbst vielleicht nicht und wir bekamen ein wenig Angst. Zu unserem Erstaunen merkten wir, dass wir durch alle Aspekte unser Seins reisten und ganz leicht und absolut natürlich vom einen zum anderen Bewusstsein übertraten. Die Begegnung mit dem wahrsten Teil, der sich am dichtesten bei unserer Seele befindet und wo wir fast nie hinkommen, war ergreifend.
Das Ziel dieser Reise ist es, den Weg der Kenntnis leichter zu beschreiten, bekannter, authentischer und angenehmer. Nur so können wir die neuen, fantastischen Fernsichten genießen, die auf den ersten Blick vielleicht nicht zu uns gehören zu scheinen, aber die der Code sein werden, mit dessen Hilfe wir uns selbst intensiv lieben können. Das wichtigste, um diesen Code entziffern zu können, ist das Meditationsprogramm, das uns auf natürliche Weise preisgibt, wie wir die Bedeutung von Schwingungen entdecken können. Während der Wanderung durch unsere Chakren, ruhig und voller Vertrauen, spüren wir die Schwingung, die darauf hindeutet, was wir tun und lassen müssen. Wir werden lernen, die Bedeutung des Bewusstseins *hier und jetzt* vollkommen zu verstehen, da wir gelernt haben, der Vergangenheit keine Energie zu geben: Also keine Melancholie, keine Erinnerungen, keine Erbitterung. Wir denken nicht mehr an die Zukunft, die uns beängstigt, sondern wir erleben, erleuchtet von einer neuer Wahrheit, das Jetzt, Frucht der Vergangenheit und die Basis, auf die wir die Zukunft bauen. Wir töteten die Alltäglichkeiten und reisten durch Wind und Wetter: Wir können keine Grippe mehr bekommen. Die Willenskraft ist jetzt aktiviert, das Handeln ist bewusst und das Glück ist vollkommen. Wir haben keine Angst mehr, weil wir wissen, wie Schutz durch Reinigung funktioniert. Während der Ruhepausen kontrollieren wir unseren energetischen Zustand und sehen, welches Ziel wir erreichen müssen und wie.
Die Symbole des Tarot und ihre Farben haben uns gelehrt, die subtile Grenze zwischen den zwei Wirklichkeiten zu überschreiten. Wir haben erfahren, dass

unser *Energy-Tarot* ein flexibles, einfaches und kreatives Spiel ist, vergleichbar mit einem Schraubenschlüssel oder einem Pinsel, womit wir dasjenige verändern können, was jetzt blockiert ist. Die Reise beinhaltete eine globale Darlegung asiatischer Begriffe wie Karma, Kundalini und Chakren. Dank dieser Bekanntschaft sind sie verwestlicht und nützlicher für uns geworden.

Die Reise muss ein Ziel haben: Nur so kommen wir auf den Gedanken, die Passivität hinter uns zu lassen. Zusammenfassend lässt sich sagen, dass unsere Reise uns die Notwendigkeit des bewussten Handelns gezeigt hat, damit wir das nächste Ziel erreichen können: *Heilung*.

Fußnoten

Vorwort

1. E. Bach, *Libera te stesso,* Macro, Cesena, 1992.
2. E. Schuré, *I grandi iniziati,* Newton Compton, Rom 1990.

1. Kapitel - Was ist Krankheit?

1. L. Zhega (a cura di) *Jesus,* Ed. Paoline, Mailand 1976.
2. T. Dethlefsen, *Il destino come scelta,* Mediterrannee, Rom 1984.
3. E. Bach, *Guarire con i fiori,* Nuova Ipsa, Palermo, 1994.
4. *Idem*
5. K.E. Krishnamacharya, *New era Healing,* The New World Teacher Trust, Visakhapatnam A.P. (Indien) 1978.
6. R. Steiner, *Teosofia,* Ed. Antroposofica, Mailand 1994.

2. Kapitel - Krankheit als Energieblockade

1. B.A. Brennan, *Mani di Luce,* Longanesi&C., Mailand 1989.
2. S. Costanzo, *Aura,* Demetra, Bussolengo 1996.
3. L. Mameli, L. Ninzatti, *Il mondo del aura,* Bresci, Grignasco 1993.
4. B. A. Brennan, *Mani di Luce,* Longanesi & C., Mailand 1989.
5. M. Brofnan, *Guarire,* Tea, Mailand 1998.
6. T. Dethlefsen, *Il destino come scelta,* Mediterranee, Rom 1984.
7. B.A. Brennan, *Mani di Luce,* Longanesi & C., Mailand 1989.
8. L. Colli, *Chakra, gemme di energia vitale,* Demetra, Bussolengo 1991.

3. Kapitel - Die sieben Meister-Chakren

1. Ghandi, *Key to health,* Navajivan Pub. House, Ahmedabad (India) 1948.
2. T. Dethlefsen, R. Dahlke, *Malattia e destino,* Mediterranee, Rom 1986.
3. F. Brune, *I morti ci parlano,* Mediterranee, Rom 1998.

4. Kapitel - Die spirituelle Heilung

1. T. Dethlefsen, R. Dahlke, *Malattia e destino,* Mediterranee, Rom 1986.
2. C.G. Jung, *La psicologia analitica e l'arte poetica,* Einaudi, Turin 1964.
3. I. Majore, *Introduzione a C. G. Jung, la Libido, simboli e trasformazioni,* Newton Compton, Rom 1993.
4. Osho, *CD Exactly in the middle is meditation,* Osho Intl. Foundation, Pune (Indien) 1995.

5. Kapitel - Das Tarot

1. M.L. Von Franz, *Le tracce del futuro,* RED, Como 1986.
2. E. Zolla, *Aure, I luoghi e I miti,* Marsilio, Venedig 1988.
3. R. H. Hopcke, *Nulla succede per caso. Le coincidenze che cambiano la nostra vita,* Mondadori, Mailand 1998.
4. T. Burckhardt, *Alchimia,* Guanda, Parma 1991.
5. G.L. Messina, *Dizionario di mitologia classica,* Signorelli, Rom 1959.

9. Kapitel - Meditationen

1. Swami Omkarananda, *Speeches during satsang,* Vidya Prabodhini Magazine, Omkrananda Himalayas Ashram UP (Indien) 1994 - 1998.